아이의 감정

Wie Kinder fühlen

© 2008/2021 Beltz Verlag in the publishing group Beltz · Weinheim Basel
Korean Translation (c) Book in a Box Publishing House Korean translation rights arranged through Icarias Agency

이 책의 한국어판 저작권은 Icarias Agency를 통해 Julius Beltz GmbH & Co. KG와 독점 계약한 북인어박스에 있습니다.
저작권법에 의하여 한국 내에서 보호를 받는 저작물이므로 무단전재와 복제를 금합니다.

아이의 감정

아이가 당신에게 차마 말하지 못하는
35가지 감정의 세계

Wie Kinder fühlen

우도 베어, 가브리엘레 프릭-베어 지음
김현희 옮김

PROLOGUE

아이가 '감정'을 느낄 때
어른은 '문제'를 기억한다

아이들은 느낍니다. 이에 관해서 특별한 이견이 있을 것 같지는 않습니다. 하지만 이는 원론적인 태도일 뿐 어른들은 아이들의 감정을 간과, 혹은 무시하곤 합니다. 우리가 활용할 수 있는 아동 청소년 관련 연구가 지나치게 겉으로 드러난 문제, 특히 아이의 '문제 행동'에 집중되는 것이 그 증거 중 하나입니다. 결과적으로 검증된 전문가들의 조언이나 해법 대부분이 위기 상황에 초점이 맞춰져 있고, 이 상황을 타개하기 위해 아이들의 행동을 변화시키는 데 더 큰 관심을 기울이는 것이 사실입니다. 궁극적으로 아이가 어떻게 느끼는지에 대한 관심이 부족하다고 느껴지는 대목입니다.

우리가 만난 수많은 부모와 아이들은 자신들의 감정을 어찌해야 할지 몰라 힘들어했습니다. 부모들은 어렸을 때 자기가 느낀 감정을 무시당했다고 느꼈고, 그 때문에 상처받아 괴로웠다고 고백했습니다. 또 아이들은 자신들이 느끼는 감정을 어떻게 다뤄야 할지 몰라 당황스러워했습니다. 우리는 오랜 시간 이들과의 만남에서 많은 걸 이해할 수 있었습니다. 핵심은 부모들이 아이들이 느끼는 감정에 관심을 기울이지 않았다는 점이었습니다. 심지어 아이들의 감정을 대하는 부모의 반응은 상당히 부적절하기까지 했습니다. 무관심과 부적절한 반응을 반복하면 아이는 체념하고, 결국 자신이 느끼는 감정을 겉으로 드러내고 표현하는 것조차 단념해버립니다. 우리가 만난 어떤 아이들은 자신들이 느끼는 감정이나 느낌을 전혀 표현하지 못했습니다. 그러니 당연히 함께 사는 부모들도 아이들을 이해하지 못했습니다.

여러분이 아이와 함께 나누었던 지난 대화들을 떠올려볼까요? 아마도 몇몇 장면이 파노라마 영상처럼 연이어 떠오를 겁니다. 아이가 하는 애정 표현에 감동하기도 했고, 그런 아이에게서 깊은 유대감을 느꼈을 것입니다. 하지만 때로 아이의 감정을 전혀 알 수 없거나, 또는 제대로 이해하지 못해 곤란한 상황도 겪었을 것입니다. 말하자면, 여러분 자신도 어떻게 해야 할지 불확실했던 상황, 어찌할 바 몰라 무기력했던 상황, 어쩌면 부모 자신의 감정에 사로잡혀 아이의 감정을 제대로 살피지 못한 상황도 있었을 것입니다. 아이가 느끼는 감정은 실로 다양하고 풍부합니다. 그러나 안타깝게도 대개 아이의 감정은 수시로 이랬다저랬다 '날뛰고 변하기' 때문에, 부모가 아이의 감정을 매 순간 제대로 파악하기란 어렵습니다.

섬세한 눈으로 들여다보면, 아이들이 느끼는 감정의 세계는 굉장히 특별한 점이 많습니다. 어떤 면에서 보면, 아이가 느끼고 표현하는 감정은 어른의 감정과 별반 다르지 않아 보이기도 합니다. 어른들이 이미 잘 아는 감정처럼 보이죠. 하지만 아이가 느끼는 감정의 세계와 어른의 감정 세계를 똑같다고 말하기 어려운 부분은 한둘이 아닙니다. 결정적으로, 아이는 성장하며 발달하는 과정에 있다는 사실이 어른과 다릅니다. 아이는 날마다 무언가를 새로이 배웁니다. 날마다 느끼는 법을 배우고, 또 자신만의 방식대로 감정을 드러내는 법을 배우고 익힙니다. 여기에 더해 간과할 수 없는 어른과의 중요한 차이점이 있습니다. 바로 자신의 감정을 마음껏 표출할 수 있는 공간과 선택지가 '거의' 없다는 것입니다. 아이는 자신의 의지로 거주지를 옮길 수도, 함께 사는 사람을 바꿀 수도 없습니다. 심지어 부모 중 어느 한 명이 자신을 위협하는 상황이 와도 부모를 다른 사람으로 '교환', 즉 '바꿀 수' 없습니다. 부모는 지금의 배우자와 헤어질 수 있고, 또 새로운 배우자를 만날 수 있습니다. 하지만 아이들은 그렇게 할 수 없습니다.

우리는 아이들이 처한 이 같은 특별한 상황에 주목합니다. 그러자면 어른들과 달리 이런 특별한 상황에 놓여 있는 아이들이 매 순간 무엇을 어떻게 느끼는지를 충분히 살펴봐야 합니다. 그런 측면에서 먼저, 아이들이 느끼는 다양한 감정과 그 풍경을 살펴볼 것입니다. 물론 이것만으로 충분하지 않을 수 있지만, 독자 여러분은 이 책을 통해 아이가 느끼는 감정에서 영감을 얻고, 여러분이 겪은 경험들과의 공통점을 찾을 수 있을 것입니다. 또 아이가 느끼는 감정을 이해할 수 있도록 마음의 문을 여는 데도 도움이 될 수 있을 것입니다.

그다음으로는 아이들이 느끼는 감정의 배경과 연관성을 설명할 것입니다. 또 아이들이 어떻게 정서적 또는 감정적으로 학습하는지 다룰 것입니다. 이 부분에서는 아이들이 성장 과정에서 느끼는 감정의 의미와 관련된 현대 뇌과학의 연구 결과들을 소개할 것입니다. 또 감정을 '학습한다'는 것이 어떤 의미가 있는지도 생각해볼 것입니다. 아이들은 종종 가면을 쓰고 자기가 느끼는 감정을 감추거나 속이려 듭니다. 이 부분은 그다음 장에서 다룰 것입니다. 아울러 아이들이 사람과의 관계에서 행복한 감정을 느끼는 데 중요한 조건이 무엇인지도 살펴볼 것입니다. 이어서 어떤 방식으로 아이들이 특정한 감정이나 감정 표현에 사로잡히게 되는지, 더 나아가 감정을 느끼는 아이에게서 우리 어른들이 알아야 할 것이 무엇인지도 다룰 것입니다.

마지막으로, 아이들이 감정을 잘 다루는 데 필요한 것이 무엇인지 다섯 가지로 정리해 요약하고, 부모가 아이의 감정을 다룰 때 필요한 것은 무엇인지, 이 또한 다섯 가지로 요약해 설명할 것입니다. 다만 우리가 정리한 내용은 중요하게 여겨져야 할 부분이긴 하지만, 이 내용만으로 아이들의 모든 감정이 완벽하게 정리될 수 없으며, 그런 완벽성을 추구하지 않는다는 점을 먼저 밝히고자 합니다. 또 어떤 경우라도 당사자인 부모보다 아이에 관해 더 잘 알 수 없다는 점도 함께 밝혀야 할 것 같습니다. 이 책을 통해 여러분이 아이들이 느끼는 감정 세계와 그 풍경을 좀 더 소상히 들여다보고, 폭넓게 관심을 기울일 수 있도록 도움이 될 수 있기를 바랍니다.

이 책에서 언급한 모든 내용은 다양한 형태의 경험, 특히 우리가 상담 치료 과정에서 만난 수많은 부모와 아이들이 겪은 실제 경험에서 비롯된 것입니다. 생생함을 위해 아이들의 이름을 거론하기는 했으나 실명은 아닙니다. 사생활 보호를 위해 각각 사례에 가명을 썼고, 아이만의 독특한 정체성을 부여했을 뿐입니다. 여기서 중요한 것은 예시에 거론된 사람이 누구냐가 아니라, 아이들이 다양한 상황에서 느낀 솔직한 감정 경험입니다. 마찬가지로 부모들이 어린 시절에 느꼈던 감정 경험도 중요합니다. 부모도 누구나 한때 어린아이였고, 어린 시절을 겪었습니다. 부모는 자신이 어렸을 때 어떻게 느꼈고, 느낀 감정을 어떻게 했는지, 또 어떤 감정들을 표현하지 않았는지 경험했기에 아이의 감정을 이미 잘 알고 있습니다. 따라서 그런 면에서 부모는 아이가 느끼는 감정에 관한 한 그 누구보다 뛰어난 전문가이자, 적어도 전문가가 될 소양을 이미 갖췄다고 말할 수 있습니다. 다만 유감스럽게도 부모가 되면 자신이 어린 시절에 겪었던 경험을 어딘가에 보이지 않게 파묻거나 처박아 둡니다. 치료 과정에서 어딘가에 쟁여 두었던 이 경험들이 다시 생생하게 되살아나곤 합니다. 부모가 어린 시절에 겪은 경험을 좀 더 자세히 들여다보면, 그 경험이 아이가 겪는 감정을 이해하는 데, 또 부모 자신의 감정에 현명하게 대처하는 데 큰 도움을 주는 엄청난 자양분이 될 수 있다는 점을 깨닫게 됩니다.

우리는 여러분이 어떤 목적으로, 또는 어떤 이유로 이 책을 읽게 된 것인지 알 수 없습니다. 부모라면 아이의 감정을 더 많이 이해하고 싶고, 또 아이와 더 잘 지내기 위해 이 책을 읽을 것입니다. 전문의라면 치료에 도움이 되기를 바라는 마음으로, 교육자나 교육 연구 전문가라면 연구 활동을 위해 이 책을 읽을 수도 있습니다. 어쩌면 이 책을 읽으면서, 예시로 거론된 아이들이 겪는 다양한 상황들이 여러분 눈앞에 생생하게 펼쳐질지도 모릅니다. 또 여러분이 어린 시절에 겪었던 경험들이 떠오를지도 모릅니다. 하지만 기억되어야 할 가장 중요한 점은, 이러한 유년의 경험들은 누구의 것이든 진지하게 여겨질 만한 가치가 있다는 사실입니다.

목차

PROLOGUE 아이가 '감정'을 느낄 때 어른은 '문제'를 기억한다 • 004

Part I
감정의 풍경
아이는 어떻게 느낄까?

사랑 • 017
죄책감과 책임감 • 024
소속감과 우정 • 032
자부심 • 037
정의감과 공평함 • 044
지루함 • 049
존재감 • 055
배신감, 불신과 명예 • 057
혐오감과 역겨움 • 064
압박감과 해방감 • 069
슬픔 • 074
부끄러움, 창피함과 수치감 • 080
무력감 • 087
화, 분노, 거부감 • 094
불평과 미움 • 102

공황과 절망감 • 107
놀라움, 감탄과 경악 • 112
관심과 호기심 • 115
열광과 열정 • 119
그리움 • 122
기쁨과 행복 • 128
공감과 예민함 • 131
외로움 • 140
피로감 • 146
시기와 질투심 • 152

공허감 • 157
자기 효능감 • 162
상실감 • 166
불안과 두려움 • 170
보호와 안전감 • 179
염려와 신뢰감 • 183
무감정 • 187
안정감 • 191
정체성 • 194
자존감 • 199

Part II
아이의 감정과 마주하기

뇌과학이 보는 감정 | 느낌은 감정이란 이름으로 뇌에 기록된다 • 205

공부와 감정 | '쓸모 있다'는 감정은 학습을 촉진한다 • 215

감각의 대면 | '관계의 경험'이 아이의 희로애락을 결정한다 • 221

    보는 것과 보여주는 것, 눈빛과 대면하기 | 목소리, 소리와 대면하기 | 잡기와 붙잡히기, 이해와 대면하기 | 밀기와 당김, 압력과 대면하기 | 기댐, 의지와 대면하기

감정의 가면 | 아이가 '감정을 속일 때' 일어나는 일들 • 242

감정의 내면화 | 아이가 '감정에 갇힐 때' 일어나는 일들 • 255

어른의 감정 | 아이의 감정으로부터 부모가 배워야 할 것들 • 261

부록1
감정을 잘 다루는 아이로 키우는 5가지 원칙 • 269

부록2
부모가 아이의 감정을 대할 때 생각해야 할 5가지 원칙 • 277

Part I
감정의 풍경
아이는 어떻게 느낄까?

사랑

아이들은 무언가를 사랑합니다. 나이와 상관없이 아이들은 사랑합니다. 마음을 열고 아이들을 바라보면, 그들의 사랑을 눈으로 볼 수 있고 또 그걸 느낄 수 있습니다. 갓난아이의 사랑은 또렷합니다. 눈을 뜨고 젖을 주는 엄마를 빤히 바라봅니다. 엄마를 바라보는 아이의 눈빛은 항상 열려 있습니다. 그러다 사랑하는 사람의 눈빛이 자신이 아닌 다른 곳을 보면, 아이는 불만스러워합니다. 사랑하는 사람의 시선이 자신을 향해 있고, 사랑하는 사람이 곁에 있으면, 아이의 표정은 환히 밝아집니다. 어린아이는 자기가 사랑하고 의지하는 사람에게 가까이 다가가 몸에 찰싹 달라붙습니다.

조금 더 자라면, 아이는 물건으로 사랑을 표현하기도 합니다. 더 정확히 말하면 선물을 준비하는 과정에 몰두하게 됩니다. 예를 들어 형제자매들이 모여 자기들끼리 은밀하게 쑥덕거립니다. 용돈을 아끼고, 인터넷을 검색하고, 부모님의 눈을 피해 자기들끼리 상점에 갑니다. 그러고는 엄마를 위한 깜짝쇼를 벌입니다. 자신들이 할 수 있는 최선의 정성과 사랑을 담아 오렌지 주스 착즙기를 엄마에게 자랑스럽게 내보입니다. 다소 의무감이 느껴지지만, 엄마는 활짝 웃습니다. 창고에는 아직 한 번도 사용하지 않은, 그것도 포장지도 뜯지 않은 착즙기가 두 대나 더 있기 때문입니다. 어찌 보면 아이들이 건넨 선물은 쓸데없는 생활용품이 하나 더 늘어난 것에 불과합니다. 하지만 엄마는 아이들의 선물에 물건 외에 다른 것, 더 많은 의미가 담겨 있다는 걸 아주 잘 압니다. 엄마를 위해 '몰래' 선물을 준비하는 과정이 얼마나 큰 기쁨인지, 엄마도 이미 경험으로 알고 있기 때문입니다. 선물 받은 착즙기로 오렌지 주스를 직접 내려주면 아이들은 뿌듯함을 느낍니다. 다른 한편으로는 좋은 일을 하려고 했는데, 수고롭게 직접 손으로 눌러서 오렌지 주스를 만들어야 하는 엄마에게 약간의 미안한 감정도 듭니다. 엄마를 위해 무언가 좋은 일을 하고 싶었고, 엄마의 노고를 덜어주고 싶었고, 그 의도로 착즙기를 선물하며 자신들의 사랑을 보여주고 싶었기 때문입니다. 이런 마음을 알기에 엄마에게도 아이들의 이 선물은 가치가 있습니다. 창고에 이미 두 대나 더 있는 착즙기를 선물 받았음에도 의례적이기는 하지만 엄마가 기쁜 듯 활짝 웃어 보였던 이유죠. 이 웃음은 물건이 아니라 아이들에 대한 사랑과 행복을 전하는 표현입니다.

그러다 아이가 사춘기에 접어들면서부터는 이성 친구를 향한 사랑이 더 우선됩니다. 그렇다고 해서 부모에 대한 사랑이 사라진 건 아닙니다. **이 시기의 아이는 부모에 대한 사랑을 보이지 않게 감춥니다. 이때부터는 사랑을 다른 것으로 덮어서 찾기가 점점 어려워집니다. 망원경이나 돋보기로 자세히 들여다봐야 겨우 찾을 수 있을 정도죠.** 그러나 이 무렵에도 다른 사람에게 부모님에 대해 무언가를 이야기해야 할 때, 여전히 자신이 부모님을 사랑한다는 사실을 공공연하게 드러냅니다. 이 시기의 아이들은 부모님에 대한 애정 표현을 남들 앞에서는 어렵지 않게 드러내지만, 정작 부모님 앞에서는 너무 '어린아이' 같고, '유치'하다고 여깁니다. 그래서 그때부터는 부모님에게 직접 사랑을 표현하지 않습니다. 여전히 다른 사람들에게는 부모님에 관해 이야기하며, 부모님에게 차마 직접 말하지 못한 '유치한' 것들을 표현하면서 말이죠. 더욱이 다른 사람들이 부모님에 관해 험담이라도 하면 적극적인 옹호나 변호, 자랑스러워하는 태도로써 부모님에 대한 사랑을 넌지시 드러냅니다. 즉 다른 형태로 존재할 뿐, 부모님에 대한 사랑은 여전합니다. 이렇듯 아이는 부끄러워 감추려고 하지만 부모에 대한 애틋한 감정을 행동에 고스란히 드러냅니다.

아이들은 사랑합니다. 그것도 아주 열정적으로. 유치원에 다닐 나이가 되면, 아이에게는 우정이라는 감정이 생겨납니다. 이 시기에 아이가 느끼는 우정은 우리가 말하는 일반적인 우정을 훨씬 뛰어넘습니다. 유치원 아이가 느끼는 우정에는 열정적인 사랑이 포함됩니다. 이를테면 애착 인형에 대한 열정적인 관심에서부터 이미 사랑이 시작됩니다. 그래서 인형을 깨끗이 세탁한 탓에 예전과 다른 냄새가 나거나, 심지어 인형이 너무 오래되었고 낡아 지저분하다고 해서 내다 버리면 아이는 굉장히 슬퍼합니다. 이 시기가 조금 지나면, 이런 열정적인 사랑은 다른 곳으로 향합니다. 학교 선생님, 축구, 그림 수집, 애니메이션 또는 특정한 아이돌 그룹 등의 또 다른 애착 대상으로 관심이 바뀌게 됩니다. 방 전체를 팝스타 테일러 스위프트 사진으로 도배할 수도 있고, 어쩌면 얼룩말, 기니피그, 또는 축구선수한테 정신이 팔릴지도 모릅니다. 어떤 대상에 마음을 빼앗기고, 어떤 때는 그 대상에 완전히 몰입하게 됩니다. 그러나 안타깝게도 아이의 이러한 열정적인 사랑은 대개 어른들에게 진지하게 여겨지지 않습니다. 무시당하기 일쑤고 인정받지도 못합니다. 하지만 아이들의 열정적인 사랑은 속임수나 이상한 헛짓거리가 아니며, 일시적인 도취나 열광도 아닙니다. 또 아이들은 자신들의 사랑이 비웃음의 대상이 되거나 조롱거리가 되는 사실을 절대 용납할 수 없습니다.

아이들은 사랑합니다. 그것도 무조건. 열한 살 루시아는 아빠한테 두들겨 맞았습니다. 그런데도 루시아는 아빠의 잘못이 아니라고 말합니다. 자기 잘못이라고 사과합니다. 아빠에게 '아무런 일이 일어나지 않도록' 루시아는 아빠를 변호합니다. 왜냐하면 자기 아빠이고, 자신은 아빠를 사랑하기 때문입니다. 이처럼 아이들의 사랑은 무조건이고, 지속적이고, 굳건하고, 끈질깁니다. 잔인함, 무시, 멸시, 방임이나 감당하기 어려운 부당한 요구도 아이의 사랑을 완전히 파괴할 수 없습니다. 이와 비슷하게 어른들도 자신이 아이였을 때 부모의 어느 한쪽 한테 당했던 어떤 일을 생각하면 매우 화가 난다고 말합니다. 그런 일을 가했던 부모를 향한 증오심이 가득한 듯 보입니다. 하지만 이런 상황에서도 부모에 대한 조건 없는 사랑의 흔적이 발견됩니다. 외부인의 시각으로 보면 매우 놀랍고, 경악스럽고, 대단히 이해하기 어렵고 심지어 거부감마저 듭니다. 그러나 이런 감정마저도 아이의 일부라는 사실을 알아야 하고, 이것을 인정해야 합니다. 끔찍한 일을 경험하게 한 사람에게조차도 여전히 조건 없는 사랑이 생생하게 남아 있습니다. 이것은 아이가 태어날 때부터 가지고 있던 힘이고, 아이가 느끼는 사랑에 조건이 없다는 증거입니다.

아이들은 사랑합니다. 이기적이지 않고 희생적입니다. 때때로 아이들은 사랑과 관심에 만족하지 못하고 고마워하는 법도 모르는 괴물처럼 느껴지기도 합니다. 그러고는 부모에게 자신에 대한 포기를 강요하는 듯 보이기도 합니다. 하지만 자신의 사랑이 상처받지 않고 무시당하거나 창피당하지 않으면, 그 사랑은 항상 아이 내면에 존재할 것입니다. 오히려 아이는 엄마와 아빠 그리고 자신이 가장 사랑하는 사람의 행복과 안녕을 자신의 행복보다 먼저 생각합니다.

어린아이의 이타적인 사랑은 무조건적이며, 자기 포기에 가깝게 보이기도 합니다. (적어도 처음에는) 깊은 신뢰에 빠지고, 눈이 먼 것처럼 보입니다. 근본적으로 아이는 사랑하는 사람과 자신을 동일시하고, 처지를 바꿔 생각하고, 이해하고, 인정하고, 용서할 준비가 되어 있습니다. (실수할 확률이 다소 높기는 하지만) 아이는 사랑하는 사람의 기대를 감지할 능력이 있고, 또 사랑하는 사람의 기대를 충족시킬 만반의 준비가 되어 있습니다. 더욱이 사랑하는 사람을 위한 희생이라면 당연하다고 여기기까지 합니다. 희생은 그리 떠들썩한 일이 아니고, 아이 내면세계의 일부입니다. 그래서 어른들의 관심이나 주목을 받는 일이 드뭅니다. 하지만 그렇기에 아이의 사랑도 쉽게 무시당하고 주목받지 못합니다. 어른이 되어 어린 시절을 돌이켜볼 때에서야 비로소 이러한 사실을 깨닫게 됩니다.

　아이가 보여주는 사랑이나 사랑을 표현하는 방법이 어설퍼서 가끔 우습게 보일 때도 있습니다. 하지만 아이가 보여주는 사랑과 그 사랑 표현 덕분에 부모는 부드러운 미소로 아이를 바라보고, 아이를 인정하고 존중할 수 있게 됩니다.

죄책감과 책임감

한 아빠와 여덟 살 난 아들이 거실에 앉아 대화를 나눕니다. 4주 전 엄마와 이혼한 아빠는 지금껏 살던 집에서 다른 곳으로 이사 했습니다. 아들은 부모의 이혼을 잘 극복한 듯 보입니다. 자기 방이 새로 생겼다며 친구들에게 자랑도 했다고 합니다. 아들이 자기 집에 오는 것을 좋아하는 것 같아 아빠는 내심 다행스럽게 느낍니다. 아빠와 아들은 코코아를 함께 마십니다. 아빠는 조심스럽게 이혼에 대한 아들의 감정을 묻습니다. 아들은 엄마와 아빠가 이혼해서 좋은 점이 있다고 말합니다. 자기 방이 한 개에서 두 개가 되었고, 또 엄마와 아빠 집을 번갈아 오가며 살 수 있어서 좋다고 말합니다. 학교 친구 중에도 부모가 이혼한 아이들이 많은데, 그들 대부분은 부모 중 한 사람과 살고 있으며, 부모 중 한 사람은 아예 만나지도 못한다는 말로 좋은 점을 설명합니다. 하지만 이야기 끝에 나온 아들의 한마디에 아빠는 너무 놀라서 하마터면 코코아를 엎지를 뻔했습니다. 엄마와 아빠의 이혼이 자신에게 책임이 있는 것 같아서, 몇 주 전부터 엄마와 아빠가 다시 한집에서 함께 살 수 있도록 많은 일을 했었다고 말했기 때문입니다. 아빠는 아들과의 관계가 아주 친밀하다고 느꼈지만, 그간 아이가 무슨 생각을 하고 있었는지 정확히 눈치채지 못했습니다.

부모의 이혼이 자기 탓이라고 느끼는 일종의 책임감은 이렇듯 매우 은밀한 감정입니다. 종종 아이의 인생에 큰 변화를 주는 중요한 일이 일어나기 마련입니다. 그러나 아이는 왜 그런 일이 일어났는지 정확히 이해하지 못합니다. 그저 하늘에서 뚝 떨어진 사실을 받아들여야 할 뿐입니다. 그러고는 자기 때문에 그런 일이 벌어진 건 아닌지 의심합니다. 아이에게서 보이는 이러한 감정적 현상은 사실 다양한 문화권에서 나타나는 믿음과 비슷합니다. 이를테면 비가 오지 않으면 신에게 바치는 제물이 너무 적어서 또는 부족장의 삶에 어떤 변화가 생겼는데, '이것이 비를 내리는 신의 마음을 노하게 해서'라고 생각합니다. 즉 누구 때문에 또는 무엇 때문에 비가 오지 않는 것으로 받아들이곤 합니다. 그러니 '이에 대한 책임은 누구에게 또는 무엇에 있다'라고 믿는 경향이 있습니다. 독일에도 '아이가 그릇에 담긴 음식을 남김없이 다 먹어야 내일 해가 뜬다'라는 속담이 있습니다. 이러한 믿음은 논리적으로 이해할 수 없고 허무맹랑한 것입니다. 그러나 이런 말을 들으며 자란 아이에게는 이 믿음에 대한 정서적인 공감대가 형성되기 마련입니다. '천둥과 번개가 칠 때 머리를 숙이지 말고 고개를 똑바로 들어야 한다. 그래야 벼락을 맞지 않는다', '방을 청소하면 좋은 점수를 받는다', '형제에게 친절하면 엄마가 다시 건강해진다' 등과 같은 말을 들으며 자란 다양한 문화권 사람들에게 이런 믿음은 당연하게 받아들여지며, 또 정서적 논리로 볼 때 매우 의미가 크게 느껴집니다.

치료 과정에서 만난 (어른들과) 아이들에게서 그들에게 벌어진 어떤 일이 '자기 탓'이라는 말을 자주 듣곤 합니다. 아이들은 '갑자기 벌어진' 일에 책임을 느끼고, 자기가 할 수 있는 범위 내에서 이 일을 바로잡으려 노력합니다. 말썽을 부리지 않고, 칭얼대지 않고 얌전히 지내고, 장난감을 아무 데나 두지 않고 진열장에 정리 정돈하며, 음식을 남기지 않고 다 먹은 뒤 그릇을 치우며, 학교에서 조금 더 모범적으로 보내는 행동 등으로 자기 때문에 벌어진 어떤 일들을 바로잡으려고 노력합니다. 심지어 어른이 되어서도, 어린 시절 자기로 인해 벌어진 일들을 바로잡으려고 노력했던 그때의 기억을 떠올리며 여전히 몸서

리치는 걸 발견할 수 있습니다. 나 때문에 벌어진 것 같은 일을 바로잡기 위해 얼마나 많은 애를 썼던가? 일을 바로잡기 위해 내가 무엇을 해야만 했던가? 또 그것 때문에 내가 하지 못했던 것은 무엇인가?

아이들은 자기 탓이라고 책임감을 느끼는 동시에 죄책감도 함께 느낍니다. 형제나 자매가 죽으면 아이는 오랫동안 형제자매의 죽음에 대한 책임이 자신에게 있다고 느낍니다. 단지 자신의 형제나 자매가 죽을 때 함께 있지 않고 밖에서 놀았다는 이유만으로.

프랑스 소설 《아브라함 씨와 코란의 꽃(*Monsieur Ibrahim et les fleurs du Coran*)》(슈미트, 2001)에 나오는 소년처럼, 부모에게서 버려진 아이가 자신이 버려진 이유를 자기 자신에게서 찾는 내용을 다룬 문학 작품들은 어렵지 않게 찾을 수 있습니다. "난 '버림받았다'라고 말하는 건 힘들지 않아. 사실 아무렇지도 않아. 태어나자마자 엄마가 날 버렸고, 두 번째는 유년기에 아버지가 … 내가 왜 그렇게 싫었을까? 뭐가 그리도 끔찍했을까? 도대체 내게 무슨 문제가 있어서 나를 사랑할 수 없었을까?" 애니 프루의 소설 《시핑 뉴스(*The Shipping News*)》에 등장하는 버려진 소년도 부모 중 한 사람이 가족을 떠난 이유가 자기 때문이라고 생각합니다. 이 소설 속에 등장하는 소년은 자기가 재미없고 지루한 아이라서 부모가 헤어졌다고 확신합니다.

논리적으로 이런 생각은 명백히 잘못되었습니다. 바보 같은 터무니

없는 생각입니다. 하지만 감정적 논리로 보면, 아이가 이런 생각을 하는 게 터무니없는 것만은 아닙니다. 놀랍게도, 부모가 헤어진 게 자기 탓이라고 죄책감을 느끼는 아이들은 매우 많습니다. 이를테면 아이들은 가까운 사람이 죽고 중병에 걸리거나 그 밖의 불행한 일이 생기면, 그게 자기 탓이라 생각하고 책임감을 느낍니다. 또 자신이 부모의 인생을 망쳤고, 자기 때문에 부모가 불행해졌다고 여기기도 합니다. 심지어 어떤 아이들은 다양한 증거를 근거로 '원래 부모는 나를 원치 않았는데', 엄마와 아빠가 '나 때문에' 어쩔 수 없이 함께 살게 되었다고 결론을 내리기도 합니다. 엄마와 아빠가 원하는 대로 살지 못하는 이유가 자기 자신 때문이며, 그에 대한 책임도 자신에게 있다고 여깁니다. 이러한 죄책감은 매우 오래 가는 데다 끈질기기까지 한데, 수년, 심지어 수십 년 동안 이어지기도 하며 그사이 삶에 지대한 영향을 끼치기도 합니다.

이러한 죄책감을 없애주는 가장 간단한 방법은 솔직한 설명과 해명입니다. 위에서 언급한 사례에서 아빠는 자신의 결혼이 왜 실패했는지, 그 이유를 아들에게 솔직하게 설명했습니다. 아빠의 이런 행동은 굉장히 잘한 일입니다. 아빠가 아들에게 모든 것을 설명한 것은 아니지만, 최소한 아빠 자신과 이혼한 엄마와의 관계, 엄마와 아빠가 더는 함께 살 수 없는 이유, 그리고 더는 함께 살고 싶지 않은 이유를 아들에게 충실히 설명했습니다. 여기서 중요한 점은 이미 벌어진 '더러운 또는 안 좋은 일을 깨끗하고 아름답게 포장'해서는 안 된다는 점입니다. 또 자신을 정당화하기 위해 다른 사람을 '끌어들여서도' 안 됩니다. 이럴 때는 누군가와 함께 사는 것이 때로 사랑만으로 충분하지 않다는 점 정도만 솔직하게 설명해야 합니다. 이를테면 엄마와 아빠가 따로 살아야 하고, 따로 살아야만 서로에게 상처를 주지 않을 수 있으며, 또 참을 수 없는 긴장을 해소할 수 있고, 관계를 제대로 유지할 수 있다는 사실을 담백하게 설명하는 것입니다.

벌어진 어떤 일에 대한 솔직한 설명과 해명은 매우 중요합니다. 그래야 아이가 죄책감에서 벗어날 수 있습니다. 그러지 않으면 아이는 죄책감을 느끼고, 그 일에 대한 마땅한 책임을 져야 한다고 여깁니다. 따라서 벌어진 일을 솔직하게 설명해 그 일이 아이 탓이 아니라, 살다 보면 당연히 일어날 수 있는 일이라는 점을 이해시켜야 합니다. 벌어진 일에 대한 이해를 구하는 데 도움이 되는 두 가지 말이 있습니다. 그중 하나는 "그건 네 탓이 아니야"입니다. 아이가 아무런 반응을 하지 않고 침묵하거나, 당장 이 말을 듣고 싶어 하지 않더라도 아이에게 이 말만큼은 꼭 전해야 합니다. 아이들이 죄책감을 느끼는 것은 책임감을 느끼는 감정과 마찬가지로 보이지 않고 숨어 있는, 또는 숨겨진 감정입니다. 물론 극히 예외이기는 하지만 그러한 감정이 밖으로 노출되는 때도 있습니다. 따라서 어른들은 밖으로 드러나는, 즉 외적인 징후가 없더라도 이를 헤아려야 합니다. 요컨대 아이가 느끼는 죄책감이나 책임감이 보이지 않지만 숨어 있다는 점을 염두에 두고 아이에게 반드시 말로써 '그건 네 탓이 아니야'라는 뜻을 전해야 합니다. 다른 얘기를 하면서 슬쩍 지나가는 말로 하는 게 좋습니다. 무엇보다도 가까운 사람이 죽은 것, 부모가 이혼한 것, 또는 누군가 아픈 게 아이 탓이 아니라는 말을 반복해서 말해야 합니다. "… 네 탓이 아니야." 때로 아이가 이 말을 듣고 '이상하게', '의기소침하게' 또는 '공포에 사로잡힌 듯' 반응할 수도 있습니다. 또는 '미친 듯'이 격렬하게 반응할 수도 있습니다. 그러나 이것은 숨어 있던 죄책감이 밖으로 드러나는 현상이므로 오히려 도움이 될 수 있습니다.

두 번째 전해야 할 말은 "이건 어른인 내 책임이야"입니다. 아이가 기꺼이 책임을 지려는 것은 어찌 보면 아주 멋진 일입니다. 아이가 책임을 질 수 있는 상황이라면, 기꺼이 아이가 느끼는 책임감을 지지해 줄 수 있습니다. 하지만 아이의 책임감은 어른의 책임감과는 다릅니다. 아이가 책임질 수 없는 사안에 책임을 져야 한다면 책임감은 죄책감으로 변합니다.

가족이 어디서 살아야 할지, 또 엄마가 새로운 일자리를 받아들여도 되는지, 엄마의 새로 사귄 애인이 함께 살아도 괜찮은지, 이에 관한 결정을 여덟 살이나 열두 살 아이에게 맡긴다고 하면 어떻게 될까요? 이는 아이가 감당하기 어려운 부담입니다. 이러한 과도한 부담은 너무 어린 나이에 갑자기 어른이 되어야 한다는 느낌을 줍니다. 나아가 실패하거나 좌절할 수 있다는 강한 두려움을 안겨주게 됩니다. 따라서 그보다 아이의 의견을 듣고, 아이가 느낀 감정을 진지하게 받아들이고, 아이에게 생각할 공간을 제공하는 것이 중요합니다. 아이와 대화하고, 어떤 부분에서 아이가 책임질 수 있는지를 아이에게 솔직히 말하는 게 중요합니다. 동시에 부모는 어떤 면에서 아이에게 책임이 없고, 또 어떤 부분에서 아이가 책임을 질 수 없는지를 아이에게 상세히 설명해야 합니다. 부모가 함께 또는 따로 사느냐에 관한 책임은 오로지 부모, 두 사람의 몫입니다. 아이의 생활환경에 대한 책임도 부모의 몫입니다. 부모가 마땅히 감당해야 할 이러한 책임을 숨기지 않고 아이에게 솔직히 말하고, 부모에게 주어진 책임을 다할 때 아이는 책임감을 내려놓을 수 있습니다.

소속감과 우정

"너, 누구 편이야?" 너무 편협한 표현이라서 요즘에는 잘 하지 않는 질문이지만, 여전히 이런 질문을 하는 경우가 더러 있습니다. 그런데 이 질문에 대한 답은 아이의 감정 생활에 매우 중요한 의미가 있습니다.

일곱 살 라라는 가족의 일원으로서 '소속감'을 느낍니다. 물론 그녀는 종종 가족들에게 화가 나고 슬픕니다. 가족들이 자신을 돌보지 않는다고 느껴지거나, 자신이 버려진 것처럼 느껴질 때 가족들에게 실망스럽습니다. 또 자신을 함부로 대할 때도 부당함을 느끼곤 합니다. 하지만 이러한 일상적인 불만에도, 그녀는 가족에게서 기쁨, 사랑, 안

락함이라는 감정을 느낍니다. 가족들과 함께 먹고, 함께 휴가를 떠나며, 또 각자 자기만의 공간이 있는 가족에 소속감을 느끼는 것입니다. 라라는 '소속감'이라는 단어는 모르지만, 그녀는 당연히 자신이 가족의 일원이라고 느낍니다.

라라는 또한 친구 테레사에게 친밀감을 느낍니다. 둘은 유치원 등원 첫날부터 크고 작은 일들을 함께한 사이입니다. 그게 우정이든 사랑이든, 라라와 테레사 사이의 그 내밀한 관계를 어떻게 표현하든, 이들은 서로에게 깊은 '소속감'을 느낍니다.

열두 살 마이크는 예전에는 그의 가족에게 더 큰 '소속감'을 느꼈습니다. 하지만 지금은 자신의 축구클럽이 제1순위입니다. 마이크한테는 코치 선생님이 가족이나 선생님보다 더 중요합니다. 당연히 부모님보다 코치 선생님의 말씀이 더 중요하게 느껴집니다. 그의 단짝 친구들도 팀 동료입니다. 그런 그가 학교 친구나 가족보다도 팀 친구에게 더 깊은 소속감을 느끼는 것은 당연해 보입니다. 마이크의 소속감은 눈에 띕니다. 항상 축구클럽 모자를 쓰고 다니며, 공책도 온통 축구클럽 스티커가 붙어 있습니다. 침대 머리맡에는 축구 포스터가 걸려 있고, 볼펜이 달린 서류철은 축구클럽 색깔처럼 파란색입니다. 또 마이크보다 세 살 많은 누나는 고딕(Gothic) 트렌드에 푹 빠져 있습니다. 고딕에 어울리는 음악을 즐겨 듣고, 검은 머리에 검은 옷, 머리부터 발끝까지 고딕 스타일을 하고 다닙니다.

소속감은 아이의 정체성에 중요한 역할을 합니다. 정체성, 즉 '나는 누구인가?'라는 질문에 대한 답은 아이 스스로 자신이 누구인지 알고, 느끼며, 살아가는 환경 그 자체에 있습니다. 라라 그리고 마이크와 그의 누나처럼, 아이들은 저마다 자신이 속해 있는 환경에 소속감을 느끼며 자기 정체성을 확립합니다. 아이들의 소속감은 사춘기를 전후해 변화가 두드러지는데, 이때 아이들은 가족 품에서 벗어나려고 반항하거나 시위하는 듯한 태도를 보입니다. 이는 어린 시절의 소속감을 내려놓고, 다른 대안을 찾기 시작했다는 신호입니다. 가족에 대한 소속감이 갑작스럽게 다른 것, 이를테면 정치, 종교, 스포츠 클럽 또는 특정 음악, 문화나 팬클럽 등으로 대체되거나 이동하지는 않습니다. 그것이 무엇이든지 간에 가족에서 다른 공동체로 소속감이 넘어가는 과정에는 항상 중간단계가 있기 마련입니다.

사춘기라는 특수한 상황을 별개로 해도 소속감에는 분명한 특징이 있습니다. **소속감은 구체적인 감정인 경우가 드물다는 것입니다. 대개는 편안하고 행복하게 느껴지는 그런 느낌입니다.** 하지만 소속감은 **위협받거나 사라지려 할 때 그 존재감을 드러냅니다.** 쫓겨나거나 버려지거나 혹은 배신을 당할 때, 계속 무시당하거나 노력이나 수고에 대한 응답이 없을 때, 소속감은 깨지거나 사라집니다. 또 아이가 또래 집단 내 다른 사람과 다를 때, 더 똑똑하거나 어쩌면 재능이 뛰어날 때, 예민하거나 느리거나 다른 사람보다 쉽게 흥분할 때도 소속감이 위협받습니다. 이럴 때 아이들은 다른 사람, 집단, 동물, 사물 등에게서 새로운 소속감을 찾으려고 합니다.

만약 어딘가에 소속되었다고 느끼지 못하면, "날 이해하는 사람이 아무도 없어!"라고 생각하게 됩니다. 그리고 속하지 못한다는 감정이 확실해지고 견고해지면, 잃어버린 것 같은, 또는 배제된 것 같은 기본적인 감정이 생기게 됩니다. 이런 감정을 느끼는 아이들은 치료 과정에서 "아무래도 나는 이 가족의 일원이 아닌 것 같아요. 모든 상황이 그래요. 태어날 때 바꿔치기 당한 게 분명해요"와 같은 말을 하고, 게다가 확신에 찬 목소리로 "난 잘못된 아이예요"라는 말을 합니다. 우리는 아이들이 어딘가로부터 달아나거나 도망치려는 모습을 굉장히 많이 목격합니다. 확신컨대 무언가로부터 도망치려는 사람은 이미 이전에 무언가를 잃어버린 사람입니다. 무언가를 잃어버렸다는 것은 아이가 어떤 억압을 느낀다는 것을 뜻합니다. 이러한 내적인 억압은 흡사 쳇바퀴를 도는 햄스터처럼 끊임없이 도망쳐 달아나거나, 혹은 뚜렷하게 이름을 댈 수 없는 무언가를 끊임없이 찾아 헤매는 모습과 같은 불안감의 형태로 드러납니다.

이때 도움이 되는 방법으로는 무엇이 있을까요? 첫째, 주의를 기울여야 합니다. 깨어 있는 눈으로 정확히 쳐다봐야 합니다. 버려진 것 같고, 배제된 것 같고, 어디에도 속하지 못한다고 느끼는 아이, 또 그로 인해 괴로워하는 아이의 모습을 제대로 인지하고 문제로서 진지하게 받아들여야 합니다. 둘째, 아이에게 소속감을 되찾아주고, 아이와 함께 아이가 어디에 어떻게 속하고 싶은지 알아내야 합니다. 이때는 무엇보다도 진정성이 있어야 하고, 아이에게 믿음을 줄 수 있어야 합니다. 가끔 어떤 부모들은 소속감을 강요하기도 합니다(이를테면 "명심해, 넌 우리 가족이야"처럼). 그러나 이는 난센스입니다. 지정된 또는 강요된 소속은 단지 겉으로 드러나는 현상에 불과하고 책임 소재에만 국한된 것으로, 아이가 느끼는 경험 속에는 존재하지 않습니다. 따라서 강요된 소속감은 아이들이 느끼는 문제를 진지하게 해결할 수 없습니다. 셋째, 도움입니다. 아이들이 소속감을 느낄 수 있으려면 무엇이 필요한지 아이들이 알아낼 수 있도록 도와야 합니다.

자부심

"남들도 다 하는 일이야. 너무 자랑하지 마." 이런 말들은 생각보다 많은 아이에게(또 어른들에게도) 상처를 줍니다. 다른 사람보다 더 뛰어나고자 하는 노력에 '찬물'을 끼얹는 표현입니다. 물론 다른 사람의 가치를 과소평가하거나 깎아내리며 자신을 치켜세우지 말라는 경계를 당부하는 말이기도 합니다. 하지만 사람들 틈에서 뿌듯해하고 당당할 수 있는 자부심, 무언가를 할 수 있고, 무언가를 이뤄낼 수 있으며, 또 무언가를 포기할 수 있는 자부심을 원천적으로 차단할 수 있다는 사실을 잊어서는 안 됩니다. 어른들도 십수 년 동안 못했던 금연에 성공하면, 그런 자신이 자랑스러워 남들에게 알립니다. 그런데 이런 자부심을 드러내지 말라는 게 옳을까요? 아이가 수학 시험에서 40점을 받다가 이번에 80점을 받았다면, 또 처음으로 혼자서 방 청소를 하고 정리했다면 칭찬받아야 마땅하고, 충분히 자랑스러워해도 됩니다. "너무 자랑스러워하지 마"라는 말은 이렇듯 긍정적인 취지로 쓰이지만, 부정적 영향이 클 수 있다는 점을 기억해야 합니다.

어른들에게 어린 시절의 자랑스러웠던 기억을 물어보면, 대개는 그런 기억을 찾아내려고 굉장히 오랜 시간 곰곰이 생각합니다. 그런 자부심을 느낀 경험이 없어서가 아니라, 어린 시절의 자부심이 충분히 가치 있게 다뤄지지 않았거나 자제해야 한다고 배웠기 때문입니다. 하지만 같은 질문을 아이들에게 하면, 선뜻 말하기를 주저하지만 분명히 무언가를 금방 떠올립니다. '자랑스러웠던 것이 무엇이냐'는 이 질문에 아이가 아무것도 떠올리지 못한다면, 이는 어쩌면 아이의 마음이 다쳤거나 부서졌다는 징후일 수 있습니다. 만약 아이가 자신이 무엇이 자랑스러운지 당당하게 말하는 걸 주저한다면, 이는 아이가 자신의 자신감을 내비치지 않고 오히려 비밀리에 간직한다는 표시입니다. 왜냐면 아무도 인정해주지 않는 일이고, 자신 이외에 누구도 흥미가 없는 일이라 여기기 때문입니다. 어떤 아이든 남들은 모르는, 혼자만 뿌듯해하는 것들이 아주 많습니다. 예를 들어 '용감한 왕자 만화

시리즈' 전체를 다 모아서 뿌듯해하는 식입니다. 굉장히 빨리 달릴 수 있어서 자랑스럽고, 축구 경기에서 골을 넣어서, 뜨개질을 잘할 수 있거나, 엄마가 기뻐할 만한 선물을 골라서 뿌듯해합니다. 아빠가 자랑스럽고, 엄마가 자랑스럽습니다. 또 내가 입은 옷도 자랑스럽고 좋은 성적을 거둬서 자랑스럽습니다. 이러한 모든 자부심은 항상 다른 사람과의 비교가 포함돼 있습니다. 또 자신을 당당히 드러내고 더 큰 존재가 되었다고 여기는 사고방식도 깔려 있습니다.

우리는 아이들의 자부심을 지키기 위해 이 일을 해왔습니다. 그 과정에서 아이가 당당히 자신을 드러내는 게 매우 중요하다는 점을 느꼈습니다. 자신을 숨기고 자존감이 상한 채, 그리고 강요당한 채 인생을 살아가는 아이들이 매우 많다는 걸 알 수 있었습니다. 아이들이라면, 당연히 자신을 당당히 드러낼 수 있어야 합니다. 어린아이들은 스스로 자신을 치켜세울 수 있어야 합니다. 당당해야 하고, 당당히 있어야 합니다.

많은 부모가 착각하는 것이 있습니다. 자신을 똑바로 치켜세운다는 것을 가끔 다른 사람을 무시하거나 업신여긴다는 의미로 받아들인다는 점입니다. 하지만 우리가 경험한 바로는 오히려 이와 정반대였습니다. 아이들(그리고 어른들)은 스스로 당당히 치켜세워도 되는 환경에서 오히려 다른 사람을 존중하고 다른 사람의 행동을 올바르게 존중한다는 걸 확인할 수 있었습니다. 자기 자신을 당당히 치켜세울 수 있는 사람은 다른 사람을 업신여길 필요가 없습니다.

부모들은 대개 이상한 습관이 있습니다. 자신의 아이들을 자랑스러워하지만, 아이들에게 이를 잘 표현하지 않습니다. 치료 과정에서 만난 열네 살 율레가 한번은 매우 놀랍다는 듯 말을 꺼냈습니다. 이웃집 아이에게서 들었는데, 아빠가 자기를 굉장히 자랑스러워하더라는 것입니다. '왜 나한테는 그런 말을 안 하지? 왜 나는 그런 말을 한 번도 들은 적이 없지? 나한테는 왜 항상 잔소리만 하고 꾸중만 하지?' 아마도 많은 아이가 율레와 같은 마음일 것입니다. 부모들은 자신들의 이전 세대와 마찬가지로 분명히 자기 아이들을 자랑스러워합니다. 하지만 혹여라도 아이가 자만심이 생길까 봐, 또는 약해질까 걱정해 아이들을 자랑스러워한다는 사실을 드러내면 안 된다고 생각합니다. 사실 이는 이미 널리 퍼진 사고방식이지만 실제로는 오히려 정반대로 작용합니다. 아이들에게는 자신의 자질, 성과, 능력에 대한 인정이 필요합니다. 아이들에게는 자신을 비출 거울이 필요합니다. 진지하고 진실한 거울, 다르다는 것을 보여주는 거울, 다른 것과 구별하는 거울이 필요합니다.

한 여성 내담자가 "난, 내가 뭐가 자랑스러운지 모르겠어요. 내가 뭘 잘하고, 뭘 못하는지도 모르겠어요. 어렸을 때는 제법 모든 걸 잘 해냈다고 생각해요. 내가 그린 그림도 모두 멋졌고요. 모든 게 아주 괜찮았죠. 그런데 결론적으로 지금은 내가 어디에 있는지 모르겠어요"라고 털어놓았습니다.

거울, 그러니까 아이들을 위한 피드백은 가능한 한 객관적이며 구체적이어야 합니다. 구체적으로 다른 것과 차이를 보여주고, 구체적으로 다른 것과 구별해줘야 합니다. 그래야만 자랑스러움에 구체적인 기반이 생겨 아이가 자신을 일으켜 세우고 당당해질 수 있습니다. 당당하게 자랑스러움을 발전시키려면 아이에게 본보기가 필요합니다. 자기 자신을 깎아내리고 경시하는 부모, 서로에 대해 자랑스러움을 드러내지 않는 엄마와 아빠는 자랑스러움에 대한 본보기가 아니라, 자기 경시에 대한 본보기가 됩니다. 자신의 능력을 충분히 발휘하지 않는다고 서로 비난하는 부모, 직장에서 성과가 부족하다고 실패감을 삭이며 억누르는 부모, 세상의 부당함에 대한 분노와 걱정을 술로 달래는 부모는 아이들의 본보기가 될 수 없고, 의식적이고 주체적인 행동이나 자기 일을 자랑스러워할 수 있는 자부심의 본보기가 될 수도 없습니다. 자기 자신을 아무짝에도 쓸모없다고 배운 엄마는 당연히 여자로서 자기 스스로 결정하고 자신을 존중하고 인정하는 삶을 살아가야 할 딸의 본보기가 될 수 없습니다. 왜냐면, 이런 엄마에게는 자랑스러운 삶의 감정이라는 기본 토대가 아예 없기 때문입니다. 물론 엄마가 이러한 상황을 분명히 인지하고, 사랑, 보살핌, 믿음, 특히 신뢰로 딸을 대하고, 각자 삶의 의미와 자기 가치의 감정을 강화한다면 본보기가 될 수 있습니다.

부모가 자기 자신을 인정하고 자기 자신에게 자부심을 느낀다면, 아이는 이런 부모에게 감사하고, 굉장히 자랑스럽게 여깁니다. 이에 대한 근거는, 1950년대 중반 저명한 라틴어 학자가 자기 어린 시절의 인지와 감정을 회고하며 쓴 작품의 한 토막으로 대신 표현하고자 합니다. "그는 앞에 놓인 얇은 공책을 보았다. 그 안에 어머니는 청소로 벌어들인 것들을 적어놓았다. 그 옆에는 매우 낡아빠진 보잘것없는 안경테가 있었다. 엄마의 안경테는 의료보험으로 안경점에서 공짜로 주는 싸구려였다. 더러운 안경알 너머로 엄마는 항상 지친 눈으로 세상을 바라보았다. '단 한 번만 더 바다를 볼 수 있었으면.' 하지만 우린 그걸 누릴 여유가 없었다. 그걸 위해 엄마는 무언가를 포기해야 했다. 무언가 아름다운 것, 심지어 반짝이는 것을 말이다. 그는 오랫동안 바다를 더는 생각하지 않았다. 엄마는 사람들이 남긴 오물과 쓰레기를 치워야 하는 거리에서 위엄 있는 표정으로 사람들을 만났다. 엄마에게 굴종의 흔적은 없었다. 엄마의 시선은 돈을 주는 사람의 시선과 똑같은 눈높이를 유지했다. 그래서 일어났다가 다시 청소하러 무릎을 구부리곤 했다. 이런 모습을 반복했다. 어린 소년은 '나도 그럴 수 있

을까?'라고 스스로 물었고, 훗날 그런 엄마가 자랑스러웠다."(파스칼 메르시어, 2004)

정의감과 공평함

아이들은 정의감이 강합니다. 아빠는 아들 톰 때문에 종종 놀라곤 합니다. 아들이 굉장히 흥분하며 "오늘 구두시험에서 60점을 받았는데, 뭐 그럴 수 있다고 생각해. 하지만 나보다 못한 에바가 80점을 받다니, 이건 너무 불공평해!"라고 말했습니다. 정의감은 이처럼 종종 분노로 표출되는데, 실은 그보다 더 많은 게 담겨 있습니다. 정의감은 흥분된 모습으로 표출되기도 하며, 분노의 형태로 집약적이고 꾸준하게 표출됩니다. 따라서 정의감을 올바르게 표출하는 법을 배워야 합니다.

아이가 정의감을 느낄 때, 남들에게 지지를 받지 못하면 정의감은 이내 사라질 수 있습니다. 반대로 아이가 정의감을 느낄 때 이를 뒤에서 지지하고 받쳐주면 정의감은 그 힘을 유지합니다. 이러한 뒷받침이, 아이가 공정하다고 여기거나 혹은 불공정하다고 비난하는 걸 반드시 동의해줘야 한다는 말은 아닙니다. 물론 그럴 필요도 없습니다. 말하자면, 아이가 느끼는 정의감이 중요한 가치라는 점을 인정하는 게 우리가 말한 뒷받침입니다. 정의감을 구체적으로 평가하는 데 있어서 아이와 의견이 다를 수 있습니다. 예를 들어 부모가 "둘 다 공평해 보이지 않는데?"라고 말할 수 있습니다. 여기서 중요한 건 아이가 느끼는 정의의 가치를 인정하는 것입니다. 그러면 아이는 자신이 느끼는 정의감의 가치를 높이 평가할 수 있게 됩니다.

가장 큰 뒷받침은 부모가 아이의 편을 들어주는 것입니다. 세상에서 일어나는 모든 일에 전혀 관여하지 않겠다는 태도, 모두에게 옳고 공평하다는 태도는 정의감을 다른 무엇보다 더 빠르게 사라지게 만듭니다. 이런 중립적인 듯한 태도는 근거 없는 허무맹랑한 의견보다 더 빨리 정의감을 소멸시킵니다. 정의감을 느끼는 아이가 아무런 지지를 얻지 못하면, 아이는 혼자가 됩니다. 아이들은 항상 관점이 필요하고, 동의할 수 없더라도 평가가 필요하며, 아이가 가진 가치를 옹호할 수 있는 본보기와 지지가 필요합니다.

정의감과 관련해 종종 부모들을 불편하게 하는 두 가지의 신화가 있습니다. 그 중 첫 번째 신화는 '부모가 자녀 앞에서 의견 차이를 보이지 말아야 하며, 무엇보다도 아이 앞에서는 의견이 같아야 한다'는 것입니다. 치료 과정에서 만난 어떤 부모들은 종종 '자신의 배우자가 아이를 지나치게 심하게 대한다'라고 하소연합니다. 그러면서 자신의 배우자가 자신과 아이에게 '말 그대로 완전히 마음의 상처를 주고 있다'라고 말합니다. 그런 다음에 반드시 따라오는 말이 있습니다. "하지만 아이 앞에서는 그런 말을 할 수가 없어요"라고. 왜? 그렇게 안 하는 이유가 도대체 무엇일까요? 우리의 경험상 아이에게는 편들어 주는 것보다 더 크고 중요한 건 없습니다. 왜냐면 아이는 그것이 공정하고 올바르다고 여기기 때문입니다. 배우자와 다른 관점에 서서 아이가 옳다고 말을 하거나 아이의 편을 들어준다고 해서 배우자가 권위나 위신을 잃는 것은 아닙니다. 오히려 반대로, 서로 자기 생각을 자유롭게 표현하고 의견 차이를 받아들여 해결하는 법을 배우는 본보기가 됩니다.

두 번째 신화는 '모든 아이를 동등하게 대해야 한다. 그것이 공평하다'라는 것입니다. 여기에는 공평함과 동등한 대우가 서로 뒤엉켜 있습니다. 동등한 대우는 공평한 것이 아닙니다. 말하자면, 동등한 대우는 어찌 보면 최고의 불공평일 수 있습니다. 여러분도 직접 경험했을 법한 몇 가지 경험을 떠올려봅시다. 예를 들어, 생일선물이나 크리스마스 선물을 아이들에게 주려고 할 때 각각 비교해보고 서로 너무 차이가 나지 않도록 신경 쓰는 일은 물론 존중할 만합니다. 당연히 고려해야 하는 옳은 일이고, 이런 면에서 부모들은 항상 공평해지려고 애를 씁니다. 그런데 아이들의 관점에서 보면, 세 형제자매 모두에게 단 1센트도 더도 덜도 아닌 각각 20유로짜리 선물을 주는 것은 불공평하게 느껴집니다. 아이가 중요하게 여기는 것은 부모가 아이의 진가를 인정하고, 그에 걸맞게 대하고 진지하게 받아들이느냐는 것입니다. 아이는 자신만의 소원과 욕구, 그가 했던 노력에 상응하는 대가가 주어질 때 공정하다고 느낍니다. 아이들의 정의감 정도는 선물이나 관심의 양이 아닙니다. 오히려 그 사람, 그의 노력, 그의 업적, 그의 인격에 합당한 가치를 적합하고 '공평하게' 질적으로 인정하는 것입니다. 위에서 예를 들었던 톰이 느끼는 정의감에서 결정적인 점은 점수에 드러난 차이가 아닙니다. 그의 정의감이 상처받은 것은 선생님이 그를 제대로 평가하지 않았으며, 그런 탓에 그의 가치가 부당하게 폄훼되었다고 느끼는 데 있습니다. 아빠는 그의 아들을 잘 압니다. 또한, 톰은 여기서 단지 자기 일 때문에만 흥분하는 게 아닐 수 있습니다. 에바나 같은 반 다른 친구들이 부당한 대우를 받는다고 느꼈기에 똑같이 흥분했던 것일 수 있습니다. 이 같은 상황에서는 그 일에 해당하지 않는 누군가, 다른 사람이 나서서 "그 부분이 불공평하다고 생각해"라고 말해준다면, 도움이 됩니다. 다른 아이들과 마찬가지로 톰도 정의감이 동등한 대우를 의미하지 않는다는 것쯤은 잘 압니다. 이미 톰도 영어 선생님에게 카롤린이 아프다는 사실을 전하고, 다른 아이들과 똑같은 학습과제를 수행할 수 없으므로 다른 기준으로 평가되어야 한다고 건의했습니다. 톰에게 공평함은 동등한 대우가 아니라 바로 이와 같은 처지에 맞는 공평함을 의미하는 것입니다.

지루함

의도치 않게 지루함은 부모나 교육자들이 적지 않게 관심을 두는 감정입니다. 대개 지루함은 부정적인 감정으로 다뤄지곤 하는데, 사실 이는 부당합니다. 왜냐면, 지루하다는 것은 단지 어떤 상황이 좀 더 길게 유지되는 것, 그 이외에는 아무런 의미가 없기 때문입니다. '다소 긴 시간'에 아무것도 안 할 때 느껴지는 감정이 지루함이라는 감정의 실체입니다. 어떤 아이들은 지루함을 긍정적으로 받아들이기도 하고, 또 어떤 아이들은 이걸 부정적 감정으로 느끼거나 덜 좋아합니다. 긴 시간 동안 아무것도 하지 않고 단지 아주 작은 공을 가지고 이리저리 굴리는 갓난아이들이 있습니다. 어떤 아이들은 웃으면서 꾸벅꾸벅 졸면서 엄지손가락을 입에 넣거나 공갈 젖꼭지를 빨기도 합니다. 이런 모습이 나타나면, 잠들기 직전 단계인 경우가 많습니다(이 시간이 너무 오랜 시간으로 느껴져서, 부모들은 이 시간이 좀 더 짧았으면 하고 바라죠). 또 조금 더 큰 아이들에게 지루함은 (유감스럽게도) 환영받지 못하는 상상과 몽상의 시간이기도 합니다. 이 아이들은 넉넉한 휴식과 여유나 짬이 견디기 어려워 다른 행동과 자극을 원합니다. 부모 또한 아이들에게 말을 걸어주거나 장난감을 손에 쥐여주는 행동으로 '조용한' 아이들, 자기 자신에게 몰두하는 아이들에게 자극을 줘야 한다고 믿습니다.

'긴 시간'의 지루함을 긍정적으로 받아들일 수 있는지, 혹은 그럴 수 없는지는 각자 아이마다 차이가 있습니다. 타고난 본성의 문제에 가깝습니다. 하지만 아이의 경험에서 비롯된 문제이기도 합니다. **만약 잠깐의 틈이나 짬이 용인되지 않거나 아주 적게만 짬이 허락되는 조건을 주로 경험했다면, 아이들은 잠깐의 여유나 짬에 몰두하지 못하고, 즐길 수도 없게 됩니다.** 지루함에 관한 부정적 인식은 사실 아이들, 특히 청소년들이 부모들과 마찬가지로 종종 '따분해서 힘들다'라고 말하는 데서 기인합니다. 따라서 지루함의 다양한 특성을 들여다보면 도움을 얻을 수 있습니다.

● 열한 살 야나는 엄마에게 다가와서는 "엄마, 심심해!" 라고 말합니다. 아이의 목소리에는 투정이 들어 있습니다. 이때 야나가 느끼는 지루함에는 엄마에게 함께 놀아달라거나 그 밖에 다른 일을 함께해달라는 엄마에 대한 요구가 담겨 있습니다. 궁극적으로 이러한 지루함의 배후에는 일종의 외로움에 관한 흔적이 담겨 있습니다. 말하자면, 사회와 공동체를 향한 그리움이라고 할 수 있습니다.

● 크리스마스 연휴 첫날이지만, 열두 살 막스는 지루합니다. 아빠는 도대체 막스가 왜 그러는지 이해할 수 없습니다. "어제 선물 많이 줬잖아. 선물을 그렇게나 많이 받고도 부족해?" 하지만 막스는 이상하게 만족스럽지 않습니다. 선물이 많아도 너무 많아서입니다. 선물이 너무 많아서, 선물이 너무 매력적이어서 마음이 들뜨지만, 너무 과해서 아이가 주체할 수 없이 혼란스럽습니다. 내적인 흥분이 너무 커서 평안함을 느낄 수도, 진정할 수도 없습니다. 오히려 많은 선물이 지루하게 느껴져 칭얼거립니다. 막스가 느끼는 지루함의 배후에는 너무 과도한 자극이나 과도한 흥분이 숨겨져 있을 수 있습니다.

● 열네 살 로빈은 결정할 수 없습니다. 친구를 찾아갈 것인지 아니면 오래전부터 보고 싶었던 텔레비전 영화를 봐야 할 것인지 자신도 모르겠습니다. 이 질문에 이랬다저랬다 수십 번 갈팡질팡했습니다. 결국, 문을 꽝 닫고는 큰소리로 고함칩니다. "아, 심심해!" 이를 본 부모는 깜짝 놀랐습니다. 맛있는 음식, 심지어 로빈이 가장 좋아하는 음식을 먹으러 가자고도 했습니다. 하지만 그는 흥미 없다며 단칼에 거부했습니다. 부모님이 다른 이런저런 걸 해보자고 해도 마찬가지였습니다. 이때 로빈이 느끼는 지루함은 실제로 지루한 게 아니라, 결정하지 못하는 데서 비롯한 불만입니다. 즉 결정하지 못하고 갈팡질팡하는 자신에 대한 불만을 표출한 것입니다.

● 열다섯 살 미헬레는 부모님과 함께 그리스로 휴가를 떠났습니다. 미헬레는 2주 내내 '끔찍하게 따분하다'며 불평만 늘어놓았습니다. 부모님이 무언가 다른 재밌는 일을 해보자고도, 또 수상스키를 타보자고도 했지만 모두 거절했습니다. 부모님은 가족 모두가 고대했던 휴가를 미헬레가 즐기지 못하고, 또 마치 휴가를 망치려고 작정한 아이처럼

구는 행동에 몹시 실망했습니다. 그러다가 집으로 돌아가기 전날, 미헬레는 전혀 다른 사람이 된 듯 생기발랄한 표정으로 바뀌었습니다. 며칠 후 교환학생으로 떠난 친구들이 돌아온다면서 말이죠. 미헬레는 그들이 없어서 아쉬웠고, 슬펐으며 친구들이 보고 싶었던 것입니다. 그래서 부모와 함께한 그리스 여행의 모든 것이 의미 없게 느껴졌던 것입니다. 여기에서 미헬레가 느낀 감정은 혼자 남겨진 느낌, 슬픔, 그리움이 지루함이라는 감정으로 바뀐 것입니다.

지루함이라는 말속에는 다른 복잡한 감정들이 숨겨져 있을 수 있습니다. **지루함은 때로 구체적이고, 파악 가능한 감정이며, 종종 이해와 다른 관심 사이에서 다른 것으로 전환되는 과정에 있는 감정입니다. 그러나 대부분은 지루함을 기분으로 이해할 수 있습니다. 기분은 감정보다 불분명하고, 파악하기 어렵고, 더 폭넓게 작용합니다.** 기분은 주변 환경에 따라 작용하고, 공간이나 지역의 분위기에 영향을 줍니다. 또 미헬레의 사례처럼 다른 감정을 아예 덮기도 합니다. 즉 기분은 지루함을 직접적으로 드러낸 것일 수도 있지만, 그 밖의 다른 감정들이 포함된 기분이기도 합니다.

그러므로 아이가 "심심해"라는 말을 할 때, 이런저런 대안을 준다고 해서 곧바로 해결되지 않는다는 사실을 기억해야 합니다. 그러면 한결 마음이 편안해질 수 있습니다. 비교적 긴 시간을 즐기고, 먼저 지루함 속에 무엇이 들어 있는지 듣고 감지하는 것이 더 나은 선택입니다. 또 아이와 그에 관해 이야기를 해보는 것이 오히려 아이뿐 아니라 부모에게도 도움이 되고, 지루함을 현명하게 받아들이는 방법입니다.

존재감

사람은 누구나 존재감을 행사하고 싶어 합니다. 아이도 마찬가지입니다. 그런데 이게 받아들여지지 않으면 위축되고, 무기력해지고, 자신이 초라해 보이고, 쓸모없다고 느낍니다. 자신의 힘이 작용하는 경험을 하면 스스로 의미 있는 존재라 여기는 기본적인 감정이 발달합니다. 존재감은 한 사람의 전체적인 체험에서 생기는 기본적인 정서 상태입니다.

아이들은 작은 존재로, 일반적으로 어른들보다 사회적으로 낮은 위치에 있습니다. 그렇다 보니 아이들의 감정과 욕구가 간과되곤 합니

다. 다양한 일상생활 속에서 아이들은 매 순간 자신의 존재 가치를 드러내고 싶어 합니다. 취학연령기 전 어린아이들은 혼자서 슈퍼마켓에서 물건을 살 수 있다는 걸 보여주고 싶어 하며, 가족들이 함께하는 카드게임에도 깍두기가 아닌 일원이 되어 참여하고 싶어 합니다. 또한, 생일뿐 아니라 다른 날 점심 메뉴도 고르고 싶어 하기도 하며, 가족이 어디로 여행을 갈 것인지 함께 고민하거나 함께 결정하고 싶어 하기도 합니다. 이러한 구체적인 상황에서 아이는 자신이 의미 있는 존재라는 사실을 경험하게 됩니다.

물론 이와는 정반대 경우도 있습니다. 가족 내 작은 독재자로서 모든 것, 또는 거의 모든 일을 결정하려고 고집을 피우는 아이들입니다. 하지만 이런 아이들이라도 집 밖으로 나가면 '작은' 아이일 뿐입니다. 스스로 의미 있는 존재로 느끼기에 한계에 부딪힐 수밖에 없습니다. 따라서 아이들에게는 상하 위계질서인 서열 관계에 관한 학습이 동시에 필요합니다. 역할 놀이를 할 때 제한적으로 '왕'이 되는 경우를 제외하고는, 아이들은 가정은 물론 유치원과 학교에서 '왕'이 될 수 없습니다. 이러한 한계를 인지하지 못하면 자신의 존재 가치를 과대평가하게 됩니다. 이런 아이는 자만하거나 절제할 줄 몰라 선을 넘는 행동을 반복하며, 결과적으로 절망적인 고립 상태로 빠져들 확률이 높습니다. 다른 모든 아이의 기분을 쉽게 '망치기' 때문입니다.

배신감, 불신과 명예

카티는 다른 누구도 아닌 그녀의 절친한 친구 니콜라에게서 배신당한 느낌을 받았습니다. 니콜라는 그녀와 모든 것을 함께 나눈 사이였습니다. 초등학교 3학년 때부터 줄곧 같은 반 짝꿍이었고, 다른 친구와 다툴 때도 항상 그녀의 편에 서주었던 친구였습니다. 적어도 카티는 그렇게 생각했습니다. 그런데 어느 날부터 니콜라가 마리와 함께 놀기 시작했습니다. 그러다가 오늘은 둘이서 함께 밝게 웃는 모습이 카티의 눈에 들어왔습니다. 카티와 니콜라는 지금껏 한마음 한뜻으로 마리를 공동의 적으로 생각했고, 마리와 말을 섞지도 놀지도 않겠다고 다짐했었습니다.

　카티가 느낀 건 배신감만이 아니었습니다. 마음이 파괴된 느낌마저 들었습니다. 방과 후 속상했던 이 이야기를 엄마에게 털어놓았습니다. 하지만 엄마는 "신경 쓰지 마, 별일 아니야"라는 말을 해주었을 뿐입니다. 아빠에게는 말을 꺼낼 수도 없었습니다. 아빠는 "매일 회사에서 돌아오면 뉴스만 보기" 때문입니다. "그리고 회사에서 돌아온 아빠는 항상 피곤하다고만 해요"라고 우리에게 말했습니다. 카티는 배신당한 것 같은 이런 감정을 지닌 채 혼자가 되었습니다. 이후 카티는 더욱 움츠러들고 뒤로 물러났습니다. 그리고 그녀의 분노는 점점 괴로움으로 변했습니다.

배신당했다는 감정을 느끼면 아이는 내면까지 흔들립니다. 물론 아이라는 존재는 자주 실망하고, 마음의 상처를 받곤 합니다. 시간이 해결해줄 것이며, 고통도 지나갈 겁니다. 이는 고통이 갖는 자기 기만적 속성을 이해할 수 있으므로 아이에게 중요한 경험입니다. 버려진 것 같다는 느낌은 격렬하게 영향을 주며 실망감보다 오래갑니다. 하지만 배신감은 더 강렬하게 오랜 시간에 걸쳐 영향을 끼칩니다.

　아이들은 스스로 중요하다거나, 본질적인 약속이 깨졌다고 생각될 때 배신감을 느낍니다. 카티에게 그것은 오랜 우정이라는 약속이었습니다. '어떤 고난과 기쁨도 함께하자'는, 말하자면 '평생을 함께하자'는 친구와의 약속이 깨진 셈입니다.

유치원 시절의 아이들은 아이들끼리 또는 특정한 어른들과 정한 무엇인가를 약속과 연결 짓습니다. 이러한 약속은 항상 사람과의 관계에서 생기므로 두 사람 사이의 위치와 관련이 깊습니다. 오늘날 세상에서는 약속, 신의, 사람과의 관계에 대한 이러한 가치가 사라진 듯 보이고, 적어도 어른들의 세계에서는 이 같은 현상이 비일비재합니다. 하지만 아이들의 세상에서는 아닙니다.

아이들에게 약속은 어른들이 생각하는 것보다 매우 진지한 문제입니다. 약속은 아이의 자기 정체성을 뒷받침합니다. 여기서 말하는 약속은 부모와 아이 사이의 약속뿐 아니라 아이와 다른 사람 사이의 약속도 해당합니다. 아이들은 강한 명예심이 있습니다. 이 명예심은 약속을 반드시 지킬 때 유지됩니다. 정의감, 책임감과도 유사하며, 무엇보다 사랑과 매우 가까운 감정입니다. 어른들이 생각하는 일반적인 명예심과는 다릅니다. 마음 깊은 곳에서 우러나오는 존경심 이외에, 엄밀히 따지면 공통점이 없습니다. 이러한 명예심은 아이가 느끼는 자부심의 일부이자, 정체성의 본질이기도 합니다. 아이의 감정 발달을 위해, 부모가 굳이 명시적으로 무언가를 약속해야 하는 건 아닙니다. **부모라는 지위와 존재 자체가 이미 아이에게 하는 약속이 포함돼**

있습니다. 임신하고 세상 밖으로 낳아준 부모는 이미 아이를 잘 보살펴주고, 아이를 위해 '곁에' 있겠다고 약속한 것과 다름없습니다. 이러한 무언의 약속이 깨진다면 당연히 좌절할 수밖에 없고, 버려진 것 같은 느낌이 들게 될 것입니다. 더 나아가 경험의 정도에 따라 큰 배신감을 느끼게 됩니다.

무엇보다 가장 파괴적인 배신은 폭력과 방관을 경험하게 하는 것입니다. 폭력적으로 인격을 산산조각내는 성폭력도 마찬가지로 가장 잔인하고 비열한 배신입니다. 우리는 어린 시절 성폭력을 경험한 아이와 또 그렇게 어른이 된 사람들을 만나고 치료하는 과정에서 배신의 다양한 측면을 마주하곤 합니다. 피해자에게 가해지는 신체적 폭력뿐 아니라, 절대 상처를 입혀서는 안 되는 존엄에 대한 배신, 보호받을 권리에 대한 배신 등 이루 말할 수 없습니다. 이러한 것들은 너무나 경악스러워서 할 말을 잃게 만듭니다. 사람들을 분노하게 만들고 무기력하게 만듭니다. 하지만 이미 벌어진 성폭력에 대해 무언가를 감지하거나 알고 있으면서도 모른 척 눈을 감아버린 사람들한테서 느끼는 배신감은 더욱 견딜 수 없이 오랫동안 지속됩니다. 게다가 자신을 배신한 사람임에도 앙갚음할 수 없을 때, 아이들이 느끼는 고통의 크기는 훨씬 커집니다. 특히 비열한 행동은 가해자가 아이의 깊은 명예심을 악용해 자발적으로 순응하게 만들고, 벌어진 사건이나 그들의 희생자가 된 아이에게 책임감과 죄책감을 떠넘기는 것입니다.

부모들은 아이들이 느끼는 이런 배신감의 의미를 간과하곤 합니다. 때로는 "큰일 아냐" 또는 "그렇게 심각한 건 아냐"와 같은 말로 아이를 위로하며 심각한 일이 아니라고 희석하려고 합니다. 하지만 이러한 시도는 도움은커녕 오히려 상황을 더 악화시킵니다. 즉 배신당했다는 감정을 더욱 강화하고, 혼자라는 감정까지 들게 만드는 것입니다. 그 결과, 다른 사람과의 관계를 맺는 태도에도 심각한 저해를 일으킬 수 있습니다. 배신감을 느끼거나 그런 감정을 지닌 채 오랜 시간 혼자 내버려진 사람은 다른 사람들을 불신하게 되는 경향이 있습니다. 요컨대, 다른 소녀가 카티에게 함께 친구가 되자고 말해도 이미 니콜라와 좋지 못한 경험을 했던 터라, 니콜라처럼 그녀도 언젠가 자신을 배신할지 모른다는 마음에서 편견 없는 열린 마음으로 우정을 맺기 힘들어집니다. 아이는 계속 불신하게 되고, (그리고 나중에 어른이 되어서도) 다른 사람들을 더는 믿지 않게 됩니다. 설령 믿더라도 완벽히 믿지 못하고, 극히 제한적이거나 부분적으로만 믿습니다. 이처럼 믿음을 갖지 못하는 마음의 배후에는 대개 배신당했던 경험이 깔려 있습니다. 폭력의 희생자들은 불신의 감정 아래 평생을 휘말려 살아가게 됩니다.

그렇다면, **배신감을 느끼는 아이에게 무엇이 필요할까요? 바로 연**

대감입니다. 따뜻함, 사랑, 믿음으로 함께 결속하는 것입니다. 이때의 연대는 아주 실질적이며 구체적이어야 합니다. 말로 표현해야 하며, 가능한 한 여러 번 반복해야 합니다. 카티에게 필요했던 건, 니콜라의 행동에 대해 분명하게 옳고 그름을 분별해주고, 자신의 편에 서서 들어줄 부모였습니다. 어쩌면 카티는 엄마가 선생님에게 다른 짝꿍으로 바꿀 수 있게 부탁해주기를 바랐을지도 모릅니다. 물론 아이의 이 모든 바람을 들어줄 필요는 없습니다. 하지만 부모가 상황을 구체적으로 인지하고 있으며, 개선을 위해 직접 행동할 수 있음을 보여주는 것이 중요합니다. 이럴 때 아이들은 자신의 행동에 문제가 없었는지 곱씹는 귀중한 시간을 보낼 수 있고, 실제로 자기주장을 꺾기도 합니다. 따라서 부모가 곧바로 행동을 밀어붙이려 해서는 안 됩니다. 무엇보다 우선, 부모가 자신의 이야기에 귀 기울이고 있으며, 자기편에 서 있다는 연대감을 느낄 수 있으면 됩니다.

폭력의 희생자인 아이와 연대한다는 것은, 아이의 인격, 용기, 두려움과 불안한 감정에 깊이 관여해, 무언가 잘못된 상황을 극복하고 어른들 사회의 잘못된 합의를 깨뜨리는 실천입니다. 아쉽게도 아이를 지지해주는 태도와 자세가 구체적으로 어떤 모습이어야 하는지 특별한 규칙은 없습니다. 하지만 아이가 느끼는 고통과 어려움을 아주 진지한 태도로 받아들여야 한다는 점만큼은 틀림없는 규칙입니다. 반드시 해야 할 것을 하지 않고 그냥 지나친다면, 이것은 또 하나의 새로운 배신의 경험이 될 수 있습니다.

 이미 일어난 배신을 없었던 일로 만들 수 없고, 배신당한 감정도 없애기 어렵습니다. 하지만 배신의 상처를 조금 더 빨리 달랠 수는 있습니다.

혐오감과 역겨움

혐오는 감정입니다. 그런데 역설적으로 혐오는 사람을 보호하기도 합니다. 몸에 좋지 않거나 위협이 될 법한 음식을 먹을 때면 심한 역겨움이 생겨납니다. 이런 때라면 음식을 먹었다고 해도 토해냄으로써 문제를 해결합니다. 이런 경험을 겪고 나면 그다음부터는 비슷한 음식의 모습이나 냄새를 맡기만 해도 거부감이 들고 역겨운 감정이 생깁니다.

아이에게 구역질이 처음 있는 일이라면, 이상한 반응이 아니라 정상입니다. 좋은 징조이기도 합니다. 상한 음식에 아이가 즉시 감정적으로 반응하며 거부함으로써 몸을 보호하기 위한 정상적인 면역 기제가 작용한 것이기 때문입니다. 그렇지만 혐오감은 다른 부정적 특성도 나타나는데, 이는 다른 모든 감정과 마찬가지로 유심히 들여다볼 측면이 있습니다.

의학적인 측면에서 위험하지도 않고 알레르기를 일으키는 것이 아닌데도 많은 아이가 음식, 물건, 재료(천), 냄새 등에 거부 반응을 보이는 때가 있습니다. 율리아는 국수, 레온은 치즈, 엠마는 오래된 모피 외투, 팀은 딸기 아이스크림에 반응해 구역질합니다. 아이들이 하는 구역질의 결정적인 동기는 거부감입니다. 예를 들어 "나는 그게 싫어"라는 거부의 뜻이 말이 아닌 구역질로 나타나는 것입니다. 그런데 이처럼 특정한 음식이나 냄새에 대해 거부 반응을 보이는 것은 거의 모든 아이에게서 나타나는 현상입니다.

문제는 혐오의 감정에 신체가 과하게 작용할 때 일어납니다. 특히 낯선 음식, 혐오스러운 분위기처럼 누가 봐도 꺼려질 법한 상황이 아닌 상태에서 나타나는 구역질은 문제가 됩니다. 일반적으로 구역질은 혐오스러운 감정과 연결될 때 일어나는 신체적인 반응입니다. 이미 언급한 것처럼 위험해 보이는 음식을 앞에 뒀을 때 몸이 먼저 긴급히 거부해 반응하는 현상입니다. 만약 한번 구역질이 나면, 대개는 한동안 적어도 구역질이 어느 정도 가실 때까지는 그 음식을 먹지 않습니다. 아이들은(젊은 층까지도) 어떤 특정한 원인이 아닌, 즉 명백하지 않은 혐오감 때문에 섭식장애가 생길 수 있습니다. (혐오감은 섭식장애의 복잡한 구조 내에서 매우 중요한 요인이기는 하지만, 그중 하나의 요인일 뿐입니다. 하지만 여기서는 혐오감을 근거로만 설명하고자 합니다.) 이를테면 음식을 거의 안 먹거나 갑자기 배가 고파져 음식을 허겁지겁 먹고 난 다음에 다시 음식물을 토해낸다면, 이때의 구토는 어느 특정한 음식에만 해당하는 게 아니고, 전반적인 음식 섭취에 대한 혐오감을 느끼는 것입니다. 실제로 혐오감은 더 광범위합니다. 우리의 경험에 따르면 거식증이 있는 사람들은 자기 이해 장애, 정체성 장애에 시달린다는 점이 뚜렷하게 드러났습니다. 말하자면, **거식증 소견을 보이는 아이들은 단지 음식 섭취에만 혐오감을 느끼는 게 아니라, 그들 삶의 본질적인 부분, 함께 사는 사람들과 주변 환경 자체를 혐오스러워합니다.** 이러한 행동의 원인은 주로 트라우마 경험이며, 그들의 의지가 아닌, 원하지 않는 상태에서 벌어진 성폭력을 포함한 다양한 폭력과 관련이 깊습니다. 요컨대, 이들은 자신의 의도와 달리 벌어진 나쁜 경험을 역겨움으로 인식해 신체적 거부 반응을 드러내며, 이 반응에는 상처의 흔적이 남아 있습니다. 마찬가지로 이 흔적에는 폭력 말고도 존재의 무시, 무력감, 부당한 요구, 배신, 죄책감, 억눌린 분노, 마지못해 '삼키고 넘어가'야만 했던 참을 수 없는 기억들이 발견됩니다. 거부 반응과 구역질은 자칫 자신의 신체적인 정체성에 대한 혐오감으로까지 확대될 수 있습니다. 이처럼 심한 경우라면, 당사자들과 함께 그들의 삶에서 '신체적 거부 반응을 일으킨' 근본적인 원인을 찾아야 하고, 그들이 처한 곤란한 위기에서 벗어날 수 방법을 모색해야 하는데, 반드시 의학적인 도움을 받아야 합니다.

반대로, 어떤 아이들은(어른들도) 폭식으로 혐오감과 싸우기도 합니다. 배가 불러 메스꺼움을 느낄 때, 또 다른 음식으로 그 순간의 메스꺼움을 달래는 방식입니다. 사실, 정확히 말하자면 마비되는 것입니다. 담배나 술, 약물을 떠올려보면 이해하기 쉽습니다. 보기 드문 충동은 아닙니다. 단 음식을 너무 많이 먹고 나면, 그다음에는 무언가 기름지고 맛있는 것을 먹고 싶어 합니다. 여기서 그치지 않고 다시 달콤한 걸 먹고 싶어 합니다. 이 과정이 악순환하며 만성적인 중독 증세와 유사한 식습관이 생겨납니다. 더부룩해지면 또다시 새로운 음식을 섭취해 그 더부룩한 속을 덮으려 하지만, 이는 당연히 영구적인 해결책이 될 수 없습니다. 이 같은 폭식도 마찬가지로 거식증에서 살펴보았던 접근법이 필요합니다. 당사자인 아이와 함께 무엇이 아이의 몸에 좋지 않은 영향을 끼쳤는지 그 흔적을 찾아야 하며, 또 음식으로 혐오감을 달래는 방법이 아닌 다른 해법이 있는지도 함께 알아내야 합니다. **이때 기억해야 할 점은 변화의 의지, 삶의 의지와 같은 규율에 기**

대어 아이를 혼자 내버려두면 안 된다는 것입니다. 적어도 섭식장애를 일으키는 아이의 혐오감이 저절로 생겨날 수 없다는 사실을 부모가 이해해야 하며, 또 아이에게 도움이 필요한 긴급상황임을 진지하게 받아들여야 합니다. 의학적인 치료도 부모의 이런 이해가 뒷받침되지 않으면 효과를 볼 수 없습니다.

압박감과 해방감

엄밀하게 압박을 받는 것은 감정이 아닌 느낌이며, 아이의 정신세계에 두루 영향을 끼칩니다. 하지만 압박감에 대해 말하기 전에 그 반대를 먼저 생각해봅시다. 해방감을 느껴본 기억이 너무 오래되어 가물가물한 어른들이라면, 아이들을 생각하면 금방 떠오를 겁니다. 구김 없이 솔직하고, 깔깔대며 웃고, 이야기와 책 그리고 놀이에 몰입하고, 사소해 보이고 유치한 것에도 집중하고, 그런 다음에는 멍하게 있다가도 다시 이리저리 번잡스럽게 움직이고, 아무런 계획 없이 빈둥거립니다. 이렇듯 해방감은 다양한 모습과 형태로 아이들에게서 발견됩니다. 이런 면에서 보면, 아이들은 우리 어른들이 감정을 배울 좋은 본보기가 되기도 합니다.

하지만 이런 해맑은 아이들이라도 압박에서 생기는 긴장을 제때 풀지 못하는 경우가 많습니다. 아이들이 느끼는 압박감도 어른들이 느끼는 감정과 다르지 않습니다. 무슨 걱정거리가 있는 것처럼 보이고, 의기소침하거나, 평소와 달리 행동이 어색하고, 긴장하고 위축된 듯한 태도를 보입니다. 하지만, 예를 들어 엄마가 "이렇게 해. 그러지 않으면 …"이라고 말했을 때 아이가 걱정스러운 표정을 지었다고 해서 엄마의 말 때문에 아이가 압박감을 느꼈다는 식으로 결론을 내리는 것은 지나친 비약입니다. 이때 아이가 느끼는 감정은 엄마의 압박 때문에 일어난 결과라고 볼 수 없습니다. 대개 아이들은 이 정도의 압박에는 침착히 대응하고 또 주어진 일을 잘 대처할 수 있습니다. 요컨대, 아이들은 압박이 가해질 때 적절한 행동으로 대처할 수 있습니다. 압박을 회피하거나 따르거나, 또는 분노하거나 두려워하는 방식 등으로 유연하게 대처합니다. 하지만 압박이 지나치게 강하면, 아이의 개성을 깨뜨릴 수 있으며, 적어도 아이를 위축시키고 우울하게 만듭니다. 이때 **가장 좋지 않은 압박은 눈에 보이지 않고, 구체적이지 않은 압박, 정확히 파악할 수 없는 압박입니다. 말하자면, 부정적으로 느껴지는 모든 감정이나 기분 따위가 오래 지속되는 압박은 아이의 정서**

에 깊이 각인됩니다. 만약 아이가 어딘가에 속하지 못하고 겉돌거나 배신감을 느낀다면, 아이가 모든 것을 자기 잘못이라고 느끼거나, 자기 자신이 잘못된 존재라고 느낀다면, 이는 지속적인 압박감으로 발전합니다. 과도한 책임감도 마찬가지로 압박감이 될 수 있습니다. 만약 아이가 엄마를 암으로부터 구해야 하고, 아빠를 술로부터 구해야 하고, 부모님의 결혼 생활이 깨지지 않도록 해야 한다고 여긴다면, 이는 아이가 감당하기 힘든 엄청난 압박감입니다. 여기에 또 다른 말들이 아이에게 압박감을 더합니다. 이를테면 "학교에서 1등이 되어야 해", "적어도 남들보다 낫거나, 최고여야 해", "우리 가족 중 역시 '손으로 하는 일'은 네가 최고야, '머리 쓰는 일'은 언니고!", "우리 가족은 다른 사람들과는 달라"와 같은 말들입니다. 자신의 경험을 바탕으로 아이가 스스로 해낼 기회를 아예 주지 않는 부모들도 있습니다. "널 위해 얼마나 많이 희생하고 많은 걸 해줬는데, 너는 커서도 다 갚을 수 없어"와 같은 말은 그야말로 아이에게 큰 압박이 됩니다.

또 어떤 아이들은 조용히 쉬거나 놀이터에서 놀면서 느긋하게 즐길 수 있는 시간이 없어서 압박을 받기도 합니다. 월요일에는 스포츠 동호회, 화요일에는 발레, 수요일에는 승마, 목요일에는 수영, 금요일에는 플루트, 게다가 집에 돌아오면 해야 할 숙제도 산더미처럼 쌓여 있습니다. 아이다운 삶이 보이나요? 아이의 삶에 여백이 없습니다. 놀이 공간도 없습니다. 있는 것이라고 압박뿐이죠.

어떤 아이들은 해낼 수 있지만, 다른 어떤 아이에게는 이러한 압박의 무게가 너무 무겁게 느껴집니다. 남들(?)처럼 해내기 버거운 아이들은 전형적인 아이답게 이를 엉뚱한 감정으로 전환해버립니다. 이를테면 **자기 자신을 쓸모없는 존재로 치부합니다. 일부 아이들은 자신들이 느끼는 압박감을 감당할 수 없거나, 요구가 과도하고 부당하게 느껴지면 체념하며, '그걸 더는 할 수 없을 때까지' 그리고 '공격적으로 바뀌거나 우울증에 걸릴 때까지' 주어진 의무와 과제를 불평 없이 해내려고 합니다.**

아이가 압박감을 느낀다면, 압박에서 벗어나는 데 시간이 필요합니다. 아이의 어깨에서 부담을 덜어내는 것이 어른이 해야 할 책무입니다. 이러한 부담이 어디에서 비롯되는 것인지, 아이마다 다양해서 그들이 느끼는 압박의 근원을 각각 개별적으로 파악해야 합니다. 이 일은 아주 많은 수고와 노력이 필요하고, 오랜 시간이 걸릴 수도 있습니다. 압박의 근원을 찾을 시간 그리고 진짜 압박이 무엇인지 확인할 시간이 필요합니다. 왜냐면, 아이들은 종종 압박과 그들이 느끼는 압박감에 너무 익숙해서 무엇을 압박으로 느끼는지 스스로 알아낼 수 없기 때문입니다. 하지만 자신이 겪는 압박감의 근원을 함께 찾아주려고 하고, 압박감을 덜어주려고 노력하고 있다는 사실을 경험하면, 아이는 부모에게 놀라울 정도로 자신이 알고 있는 진실을 털어놓습니다. 그렇게 되면, 아이 자신이 짊어진 '너무 많은 짐'이 무엇이고, 또 '결핍된 것'이 무엇인지를 스스로 그리고 정확히 알게 됩니다.

슬픔

릴리는 할머니가 돌아가셨다는 소식을 들었을 때 굉장히 슬피 울었습니다. 엄마가 안아주었고, 릴리도 엄마 품에서 함께 울었습니다. 장례를 마친 날 밤에 엄마와 릴리는 함께 앉아서 돌아가시던 해에 가끔 정신이 온전하지 않았던 할머니에 관한 이야기를 나누었습니다. 릴리는 할머니 댁에서 할머니가 나무와 이야기를 나누는 모습을 봤던 것을 이야기했습니다. 한번은 할머니가 고무나무와 자신을 혼동했다고도 했습니다. 이 말을 하면서 두 사람은 웃음보를 터뜨렸죠.

애도는 놓아주는 감정입니다. "아빠가 멀리 가서 슬퍼", "이사해서 슬퍼", "친구가 멀리 이사 가서 슬퍼", "이제 더는 같은 반이 아니어서 슬퍼", "필립이 나를 안 쳐다봐서 슬퍼." 아이들도 어른들처럼 내려놓고 벗어나야 할 것이 많습니다. 애도는 내려놓고 벗어나는 과정에서 동반되는 감정입니다. 릴리의 이야기는 아이에게 무엇이 필요한지를 잘 보여줍니다. **아이를 슬픔과 고통으로 끌어들여야 합니다. 그리고 그것을 내려놓고, 함께하는 모든 감정을 타인과 나눌 수 있어야 합니다. 고통이 무엇이었고, 무엇이고, 무엇일 수 있는지를 '솔직하게 터놓고 말'할 수 있어야 합니다.** 하지만 그 내려놓은 과정이 항상 잘 되는 것은 아닙니다. 간혹, 마음껏 슬퍼하지 못하고 슬픈 내색을 못 하게 되는 때도 있습니다.

치료 과정을 함께하는 멜라니는 많은 나무 사이로 빠끔히 보이는 얼굴 그림을 그린 후 "로테 할머니가 돌아가셔서 슬퍼요"라고 말합니다. 순식간에 멜라니의 눈에는 눈물이 고입니다. 그녀의 할머니는 돌아가신 지 벌써 4년이나 되었습니다. 사실 멜라니가 이런 슬픔을 표현한 것은 처음입니다. 장례식에 멜라니는 함께할 수 없었습니다. 멜라니의 부모님은 어린 멜라니가 사랑하는 할머니를 잃은 슬픔을 덜 겪게 하고 싶었기 때문입니다. 때로 어떤 부모들은 돌아가신 분들과 헤어지는 고통을 느끼지 못하도록 아이들을 보호하려고 합니다. 하지만 이런 시도는 대개 실패합니다. 부모는 아이가 슬픔을 겪지 않았으면 하는 바람에서, 자신들이 느끼는 슬픔과 고통을 밖으로 드러내지 않도록 애쓰고, 아이에게 그 모습을 감추려 듭니다. 하지만 **부모가 드러내지 않고 억누르며 애써 감춘 슬픔과 고통이 아이에게는 다른 부담이 됩니다. 슬픔이라는 감정은 억눌러야 하고, 고통은 표출해서는 안 되는 것으로 여겨야 하기 때문입니다. 아이도 어른처럼 슬퍼할 수 있어야 합니다.** 아이도 "그래도 살 사람은 살아야지"와 같은 냉담한 말 이면에 숨어 있는 고통과 슬픔을 느낍니다. 왜 어른들은 아이들이 슬픔을 경험하지 못하도록 하는 걸까요? 어른들의 이러한 행위는 슬픔이라는 감정이 나쁘고, 이때 나타나는 고통이 잘못된 것이라 배워왔기 때문입니다. 가능한 한 슬픔을 나타내서는 안 되고, 억누르고 감춰야 한다고 교육받은 탓입니다. 하지만 아이에게 부모는 슬픔을 어떻게 마주해야 하는지 보여줄 좋은 본보기여야 합니다.

어른이라도 아이의 슬픔과 고통을 덜어줄 수도 참게 할 수도 없습니다. 슬픔에서 벗어나 다른 곳으로 시선을 돌리게 만들 수도 없습니다. 그런데도 어른들은 그렇게 하려고 합니다. 아이가 슬플 틈을 주지 않기 위해 바비 인형이나 컴퓨터게임을 새로 사주거나 아이스크림이나 맥도날드 햄버거로 시선을 분산시키려고 합니다. 그러고는 아이가 평소에 진짜로 원했던 것을 사줬는데도 행복해하지 않는 아이를 보며 정말로 견디기 어려워합니다.

어른들이 하는 이런 시도는 아이들을 침묵하게 만듭니다. 아이들은 점점 자신들이 느끼는 감정을 말하지 않고 감추게 됩니다. 그러고는 그들이 느끼는 슬픔을 혼자서 삭일 뿐입니다. 어떤 일이 뜻대로 되지 않을 때, 감정을 제대로 다루지 못하는 게 어쩌면 자신이 무능해서인지도 모른다며 자신을 탓을 하게 되고, 모든 게 자신의 잘못이라고 여기게 됩니다. 자신이 느끼는 슬픔을 숨길 수 있는 부모는 당연히 아이도 그렇게 할 수 있다고 믿고 요구합니다. 하지만 이 요구는 부당합니다.

물론 반대의 경우도 있습니다. 예를 들어, 할머니가 남편을 잃은 엄마와 아빠를 잃은 아이 앞에서 아침 식사 때마다 아들의 죽음을 슬퍼하며 우는 모습을 보이는 경우처럼 말입니다. 반복되는 할머니의 행동은 남겨진 아들의 아내와 아이에게 우울하고 무거운 감정을 가중할 수 있습니다. 지나치게 넘치는 감정 표현은 제대로 된 애도가 아닙니다. 다른 사람의 감정을 모두 배제하고, 혼자만의 감정 세계와 분위기 속으로 매몰시키는 행위입니다. 즉 일방적인 슬픔을 호소하는 행위입니다. 고통에 매몰되지 않고 거리를 두면 고통에 대한 과도한 부담이 줄어듭니다. 또 오히려 고통을 내려놓는 데도 도움이 됩니다. 이때 고통을 내려놓는다는 것은 실제로는 고통에 어찌할 바 모르는 자신의 무력감을 내려놓는 것입니다. 고통 속에 매몰되어 있는 상태는 어른뿐 아니라 아이에게도 과도한 부담입니다. 따라서 아이가 이러한 분위기에서 벗어날 수 있도록 약간의 거리를 두고, 슬퍼할 수 있는 자신만의 방법을 찾고, 슬픔을 내려놓는 길을 찾아야 합니다.

원래의 길로 되돌아오려면 누구에게나 시간이 필요합니다. 이 단계에서 아이는 때로 조용히 침묵하거나 주체할 수 없을 만큼 흥분합니다. 또 고집을 부리기도, 공격적이거나 방어적인 태도를 보일 수도 있습니다. 그러나 그 안에는 슬픔이 잠복해 있고, 이를 내려놓아야 한다는 생각과 그럴 필요가 없다는 생각 사이에 치열한 싸움이 벌어지고 있습니다.

아이에게 울음은 흔한 일입니다. 아이라면 예민하게 구는 것이 당연하고 또 예민해야 정상입니다. 슬플 때 우는 아이에게 울보라고 비난하거나 꼬리표를 붙이는 일은 아이의 감정에 족쇄를 옭아매는 것입니다. 슬픔에 잠긴 아이에게는 위로가 필요합니다. **최고의 위로는 슬픔을 차단하는 것이 아니라, 그냥 곁에 있어 주고 그 슬픔을 나누는 것입니다. 아이의 마음과 영혼에 새로운 것들이 자리를 차지할 수 있도록 여백을 남겨줘야 합니다.** 그러고는 사람, 우정, 삶의 방식과 같은 상실 뒤에 남겨진 다른 것들에 관해 아이와 이야기해야 합니다. 어른의 시선이나 기준으로 보면, 사라진 무언가는 채울 수 없는 큰 손실입니다. 그러나 아이에게는 의미가 다릅니다. 무언가 사라졌지만, 많은 것들이 아이의 기억과 마음속에 값진 경험으로 채워집니다. 그 감정이 앞으로도 남아 있을 수 있고, 남겨두어도 된다고 아이와 이야기 나누는 것이 좋습니다. 그리고 반복해 말하지만, 아이 탓이 아니라는 말을 하는 것이 그 무엇보다 중요합니다.

부끄러움, 창피함과 수치감

 부끄러움이라는 낱말에는 크게 두 가지 감정이 담겨 있습니다. 혼용되어 똑같이 쓰이거나 적어도 비슷하게 사용되지만, 그 맥락은 전혀 다릅니다. 바로, 자연스러운 부끄러움(창피함)과 당하는 부끄러움(수치감)입니다.

 아이들이 느끼는 자연스러운 부끄러움을 먼저 자세히 들여다봅시다. 열일곱 살 아들은 여자 친구와의 전화 통화를 누군가가 엿듣는 걸 원하지 않습니다. 두렵거나 걱정스러운 게 아니라, 창피하기 때문입니다. 열한 살 산드라는 친구가 하는 우스갯소리를 듣고 웃었습니다. 그런데 너무 크게 웃은 탓에 선생님이 그 웃음소리를 들었습니다. 그러고는 "뭐가 그렇게 재미있어서 웃니? 너희만 웃지 말고 같이 웃게 말해줄래?"라고 말했습니다. 산드라는 얼굴이 빨개졌고, 한마디도 하지 못했습니다. 산드라와 그녀의 친구, 둘만이 나눈 이야기였지, 선생님과 반 전체에 공유할 이야기는 아니었기 때문입니다. 어린 파스칼은 한동안 그러지 않다가 밤에 다시 침대에서 소변을 누고 말았습니다. 물론 혼나지 않았고, 걱정스럽지도 않았습니다. 하지만 창피했습니다. 앞에서 언급한 세 가지 예를 보면, 부끄러움이라는 감정이 방어 역할을 한다는 공통점이 있습니다. 즉 **부끄러움은 사람의 내밀한 영역, 말하자면 누구나 자신의 삶에서 매우 소중하고 비밀로 간직하고 싶은 모든 것을 보호하려는 감정입니다. 만약 내밀한 영역이 세상에 공개될 우려가 있거나 파스칼의 사례처럼 세상에 알려지게 될 때 부끄러움의 감정이 나타납니다.** 따라서 우리는 부끄러움을 내밀한 영역의 감시자라고 칭합니다. 비단 아이들뿐 아니라 어른들에게도 해당하죠. 나이와 상관없이 내밀함은 누구든 보호받아야 하는 귀중한 권리입니다.

내밀한 영역이 무엇인지는 연령대마다 다르고, 아이마다 다릅니다. 그래서 사람들이 있는 자리에서 바지춤에 손을 넣고 거리낌 없이 사타구니를 긁는 다섯 살 남자아이도, 막상 엄마가 손님들에게 자신의 그림을 보여줄 때면 부끄러워서 얼굴이 빨개지곤 합니다. 반면에 그의 여동생은 집 안 욕실에 들어갈 때면 항상 문을 잠그고 들어가는 성격이지만, 낯선 사람들 앞에서 큰소리로 노래 부르는 것 같은 자신의 재능을 맘껏 드러내는 걸 좋아합니다(오빠는 여동생이 노래 부르는 것을 듣는 것조차 부끄러워서 얼굴을 들지 못합니다). 이러한 차이는 성별의 차이에서도 나타납니다. 남자아이와 여자아이의 그룹 내에서도 큰 차이가 드러납니다.

나이를 먹으면서, 대부분 아이에게서 보이는 부끄러움은 파도 형태로 울퉁불퉁 발달합니다. 즉 올라갔다가 내려가고 올라갔다가 내려가기를 반복합니다. 그러고는 대부분 사춘기 때 그 정점을 이룹니다. 사춘기 과정에서 내밀함은 새롭게 발달합니다. 남자아이는 남자가 된다고 느끼고, 여자아이는 여자가 된다고 느낍니다. 이렇게 청소년기에는 새로운 사람으로서, 특히 새롭게 되어가는 사람으로서 무언가를 체험합니다. 그들은 어른이 아니고, 또 새로운 것은 아직 완전하지 않습니다. 이런 과도기의 과정이 그 자체로 불안을 만들어냅니다. 앞에서 언급한 열일곱 살 아들이나 산드라의 경우처럼 사춘기 아이들은 이전의 연령대와 달리 삶의 표현과 방식에서 더 많은 내밀함이 필요해집니다. 이웃집에 설탕을 빌리러 가는 것조차 부끄럽습니다. 아빠가 하는 듣기 좋은 칭찬도 부끄러움을 일으킬 수 있습니다. 사람들의 시선, 몸짓, 행동이 모두 부끄러움을 일으키는 원인이 될 수 있죠. 부모는 바로 이 지점을 잘 이해해야 하며, 이에 걸맞게 신중히 접근해야 합니다. 물론 부끄러움의 다양한 면을 모두 다룰 수는 없습니다. 다만 부모와 교육자들은 아이가 무언가 특정한 일에 점잔을 빼거나 아예 거부한다면 그 뒤에는 항상 부끄러움이 숨겨져 있다는 점을 알아야 한다는 것입니다. 종종 아이들은 자신들이 부끄러워했다는 사실조차도 부끄러워합니다. 그래서 부끄러워했다는 것 자체가 부끄러워서 그 부끄러움을 제대로 표현하지 못하기도 합니다.

이렇듯 **자연스러운 부끄러움은 일상적입니다. 다른 감정처럼 아이의 발달 과정에서 유익한 동반자가 될 수 있으면 부끄러움은 수치감으로 드러나지 않습니다.** 수치감은 상처를 주고 괴롭게 합니다. 수치감은 나만의 내밀한 공간이 경계 안까지 침범해 파헤쳐지거나, 내가 부족하다고 느끼는 내밀함이 세상에 드러날 때 일어납니다. 딸아이의 일기장을 읽고 점심 식사 자리에서 일기장에 적힌 내용을 남들 앞에서 공개할 때 딸은 수치감을 느낍니다. 영어 선생님이 칠판의 문제를 풀며 "카이, 앞으로 나와. 네가 또 모르는 게 뭔지 전부 우리한테 알려 줘 봐"라고 한 학생을 부를 때 아이는 수치감을 느낍니다. 열네 살 사라는 유치원 시절 자기보다 나이가 많은 남자아이들이 항상 자기를 비웃는 통에 힘들었다고 고백합니다. 사라는 그들이 왜 웃는지 몰랐지만, 아마도 자신이 '작고 멍청해서'일 거라고 여겨왔습니다. 우리가 치료 과정에서 만난 수많은 아이가 수치감을 느꼈습니다. 또 지금 다양한 문제를 겪는 어른들도 어린 시절에 겪은 수치감을 토로하곤 했습니다.

수치감이 특히 복잡하고 나쁜 점은 처음에는 자연스러운 부끄러움으로 느껴진다는 것입니다. 당사자는 이 두 가지를 서로 분리하거나 구별하기 어렵습니다. 아이들에게 이 차이를 설명할 때, 그들이 이해할 수 있는 수준의 언어와 예를 들어 설명하면 좋습니다. 처음에는 똑같이 느껴지던 자연스러운 부끄러움과 수치감은 어느 순간 매우 다른 결과를 만들어냅니다. 수치감은 대개 뒤끝이 나쁘고 개운치 않습니다. 수치감이 반복되거나 광범위하게 퍼지면, 아이의 근간 자체가 흔들리게 됩니다. 그러면 아이는 부끄러움을 느끼는 경계를 유연하게 조절하는 능력을 잃게 됩니다. 자연스러운 부끄러움조차 참을 수 없게 되고, 내밀한 영역의 경계를 감시하는 역할을 하던 부끄러움이라는 감정이 한순간 무너져버리게 됩니다. 또 그러한 경계가 있다는 사실을 인지조차 할 수 없게 됩니다. 수치감을 수치감으로 받아들이지 못하거나, 반대로 부끄러움의 경계 대신에 장벽으로 자신을 에워싸고, 뒤로 물러나서 아예 차단하기도 합니다. 이 아이들은 차단벽 뒤에 있을 때 상처받지 않고 수치감을 겪지 않을 거라고 여깁니다.

자연스러운 부끄러움과 수치감이라는 두 가지 감정을 판별하는 능력은 다시 원래대로 회복될 수 있습니다. 그러나 단 한 번의 노력으로는 어렵습니다. 자신과 다른 사람들에 대한 믿음이 꾸준히 뒷받침되고 강화될 때 가능합니다. 만약 아이가 차단벽 뒤에 서서 빠끔히 내다보거나 다행히 모습을 드러내고 뒤에서 나온다고 해도, 이들이 무언가를 믿는다는 뜻은 아닙니다. 당연히 아이들은 처음에는 믿지 않습니다. 이들에게 너무 위협적이거나, 어떤 아이의 말대로, 수치감을 안기는 '낌새'가 느껴지면, 이들은 재빨리 차단벽 뒤로 숨어버립니다. 다시 신뢰를 얻고 부끄러움을 자연스러운 감정으로 새롭게 받아들이는 과정은 대부분 반복적으로 일어나는 상승과 하강 그리고 전진과 퇴보의 과정이 필요합니다. 아이가 내밀한 공간을 침범당함으로써 내밀한 공간을 보호하는 경계가 있다는 느낌을 잃어서 어떤 수치감도 느낄 수 없게 되었다면, **먼저 누군가가 한 번쯤 아이에게 무슨 일이 벌어졌는지 말해주고 설명하는 것이 중요합니다. 아이도 자신에게 '벌어진' 일을 이해하고 싶어 합니다.** 이런 아이에게는 자신의 경계를 존중하고, 또한 아이의 경계도 존중하는 어른들이 필요합니다. 아이는 정말로 안전지대가 존재하는지, 또 어른들이 경계를 무너뜨리는 사람인지 아닌지 알아보려고 시험하고 도발합니다. 하지만 무엇보다 어떤 이유로 아이가 부끄러움을 구별하는 능력에 상처를 받게 되었는지와 상관없이, 회복의 첫 단계부터 자연스러운 부끄러움과 수치감을 구별해주어야 합니다. 또 수치감을 일으킨 원인을 단호히 근절할 수 있어야 하며, 반대로 자연스러운 부끄러움이라면 당연한 감정 반응이라는 점을 일깨워줘야 합니다.

무력감

치료를 위해 찾아온 아이들은 하나같이 자신도 어찌할 바 모르는, 말 그대로 무력감을 느꼈습니다. 그런데 놀랍게도 어찌할 바 몰라 속수무책의 감정을 느낀다고 말하거나, 심지어 어떤 도움이 필요하다는 말로 표현하는 아이는 단 한 명도 없었습니다. 이 아이들은 절대로 속마음을 표현하지 않았습니다. 단지, 질병과 행동 변화 그리고 발달 장애를 통해 자신의 무력감을 드러냈을 뿐이죠.

만약 아이들이 "더는 모르겠어요", "아빠, 아빠의 도움이 필요해요", "엄마, 이거 때문에 속상해요"와 같은 말을 할 수 있다면, 이는 아주, 정말 긍정적인 신호입니다. 왜냐면, 아이가 어른에게 도움을 요청하는 건 지극히 당연한 일이기 때문입니다. 생각해보면, 유치원, 학교를 비롯한 모든 교육의 목표 또한 궁극적으로 자라나는 아이들을 돕는 데 그 존재 근거가 있습니다. 아이를 성장시키는 데 필요한 이 모든 체계가 아이들이 도움이 필요하다는 것, 그러니까 아이들이 원래 어찌할 바 모르고, 무력할 수 있다는 전제 아래 존재한다는 말입니다. 하지만 안타깝게도, 아이들은 무슨 이유로 자신들이 어려움을 겪고 있으며 또 어떨 때 도움이 필요한지에 대해 결정하는 일이 자신들의 필요보다 어른의 관점에서 정해진다고 믿습니다. 따라서 아이 자신이 원하는 목소리를 있는 그대로 말할 수 있고, 그들이 제때 도움받을 수 있다는 믿음을 얻는 것이 무엇보다 중요합니다.

그러나 이 사실을 믿는 아이들이 매우 적다는 게 문제입니다. 게다가 **아이 자신이 느끼는 무력감을 말로 표현하는 건 매우 드뭅니다. 그 이유 중 중요한 하나는 아이들이 그에 대해 보고 배울 본보기가 없다는 것입니다.** 뇌과학자들의 연구에 따르면, 인간은 다양한 본보기를 통해 행동 방식을 익힙니다. 그런 측면에서, 무력감이라는 감정은 아이들이 좀처럼 본보기를 통해 학습하기 어렵습니다. "망연자실했어요. 그때 뭘 더 어떻게 해야 할지 몰랐어요"라는 어른들의 경험담도, 또 TV 시리즈, 영화, 어린이 책, 만화나 애니메이션에서 무력감을 진지하게 다루는 매체도 찾을 수 없습니다.

여기서 말하는 무력감은 피해자가 가해자로부터 도망쳐 '큰 소리'로 도움을 외치는 식의 그런 무력감이 아닙니다. 오히려 아주 대수롭지 않게 아이의 마음에 침투해 모든 걸 덮치는 '조용한' 무력감입니다.

여덟 살 레아는 밤에 잠을 자다가 부모님이 서로에게 고함치는 소리에 놀라 잠에서 깼습니다. 일어나 부모님에게 달려갔는데, 그 현장에서 부모님이 서로 피를 튀며 싸우는 모습을 목격했습니다. 레아는 "그만 해요!"라고 고함을 쳤지만, 부모님은 깜짝 놀란 레아를 아랑곳하지 않았습니다. 서로 물건을 던지며 때리고 싸우는 일을 멈추지 않았습니다. 하는 수 없이 레아는 도움을 요청하러 이웃 아주머니에게 달려가 상황을 호소했습니다. 그렇게 이웃 아주머니를 데리고 집으로 돌아왔을 때, 부모님은 '평화롭게' 소파에 앉아 있었습니다. 엄마는 이웃 아주머니에게 부부가 약간 다투기는 했지만, 우연히 넘어져 상처가 났을 뿐 치고받으며 싸운 일은 없다고 말했습니다. 그런 일은 있지도 않았고, 우리 아이가 지어낸 말이라며 둘러댔습니다. 게다가 평소에 '아이가 가끔 예민해지면 헛소리를 하곤 한다'는 거짓말도 덧붙였습니다. 이 말을 들은 이웃 아주머니는 어린아이니 그럴 수 있다며 너무 나무라지 말라며 당부하고는 서둘러 집으로 돌아갔습니다.

처음에는 이렇게 시작했습니다. 하지만 두 번째, 세 번째 그리고 열

번째도 레아는 밤마다 깜짝 놀라 잠에서 깨서 부모님께 달려갔습니다. 그러고는 부모님이 싸우는 광경을 무기력하게 바라봐야만 했고, 혼자만의 끝없는 근심과 걱정에 파묻히게 되었습니다. '큰 소리'로 외쳤던 무력감은 이제 '조용한' 무력감으로 바뀌었습니다. 무력감은 자신이 '미쳤다'는 감정으로 변질되었습니다. 이 감정은 레아를 평생 따라다녔고 의기소침하게 만들었습니다.

예외는 있지만 **'조용한' 무력감은 일종의 금기입니다. 확언하건대, 무력감은 세상 사람이 다 아는 공개된 상황에서 일어나지 않습니다. 무력감을 호소하고 도움을 찾는 사람들을 아이가 본보기로 학습하는 일은 너무 어렵습니다.** 실제로 '본보기'라는 표현은, 포기하지 않고 무언가를 성취해서 업적을 내서 '어떤 상황'에도 일을 해내는 사람을 떠올릴 때 자주 쓰이곤 합니다. 이 사실은 아이가 도움을 청하는 것을 어렵게 만드는 두 번째 요인입니다. 말하자면, 사회적인 통념에 부합하지 않다는 것입니다. 성취는 강하고, 무력감은 약합니다. 업적은 인정을 받을 만한 일이지만, 무력감을 드러내는 일은 수치스러운 것으로 여겨집니다.

무력감을 호소하고 도움을 요청하는 것을 주저하게 만드는 세 번째 장애 요인은 아이들이 그러한 시도를 했을 때 좌절을 경험하기 때문입니다. 어른들은 매번 다른 일로 바빠서 아이들이 도움을 청하는 외침 소리를 듣지 못합니다. 또 으레 겪어야 할 성장통으로 치부하며 "너는 해낼 수 있어"와 같은 다른 말로 가볍게 넘깁니다. 도움을 요청하는 노력이 공허하게 느껴지면, 결국 아이는 체념하게 됩니다. 그러고는 혼자서 제대로 '해결하지' 못한 자책감으로 부끄러워하게 되는 것이죠.

무력감의 결과는 숨는 것입니다. 공개되어 널리 알려지면, 세상을 피하게 됩니다. 이러한 양상은 다른 다양한 형태로 나타납니다. 일반적으로, 심리학에서 활용하는 코핑(Coping, 고통이나 스트레스에 대응하는 전략)은 아이 자신이 느끼는 지나친 부담을 직접 표현하게 함으로써 원인을 찾아 제거하는 것입니다. 즉 아이 스스로 방법을 찾을 수 있도록 도움을 주는 것입니다. 그런데 무력감을 느끼는 아이들에게는 이 방법이 쉽지 않습니다. 내면의 목소리를 밖으로 꺼내지 못해서 더욱 상처받게 됩니다. 강한 사람들 틈에서 소외된 것 같은 감정이 내면에서 소리칠 때면, 여전한 무력감과 불편하고 시끄러운 감정만이 남습니다. 그러면 아이들은 무력감을 슬쩍 감추고, 내면에서 들리는 도움의 목소리를 잠재우고 그걸 뒤덮어버릴 수 있는 다른 코핑, 말하자면 이런 문제들을 외면하는 다른 전략을 찾습니다. 그것은 일반적으로 포기가 되기도 침묵이 되기도 합니다. 또 다르게 자주 나타나는 현상은 거칠어지고, 도를 넘어 탈선하는 공격성입니다. 우리는 이 책의 다른 부분에서 공격성, 이른바 과다행동과 마찬가지로 아이의 행동에서 보이는 다양한 징후들을 다룰 때 이 행동 뒤에 무엇이 놓여 있는지를 주목해야 한다고 다시 언급할 것입니다.

이런 말들은 여러 번 반복해도 충분하지 않습니다. **여러 징후, 아이의 생활 그리고 행동에서 보이는 이른바 다양한 장애들은 아이들이 겪는 무력감과 어려움을 드러내는 표식입니다. 이는 또한, 도움이 필요하다는 호소의 외침이기도 합니다.** 비록 아이들이 (더는) 말로 표현하지 못하더라도, 우리는 어른으로서 이러한 도움을 찾는 외침을 주의 깊게 들어야 하고, 도움의 손길을 보내야 합니다.

우리가 알게 된 모든 아이는 아직 무언가를 잃어버리지 않았을 때까지만 해도, 타인과 끊임없이 도움을 주고받을 수 있는 아주 큰 이타성이라는 저수지를 가졌었습니다. 하지만 착취당하고 부당한 요구를 경험했던 아이들, 자발성을 빼앗긴 아이들, '한 번도 충분히' 만끽해보지 못했거나 '항상 모든 것을 잘못했다'라고 평가받은 아이들은 남에게 도움을 주거나 받을 수 있는 능력을 잊은 지 오래였습니다. 원래 아이들은 특별히 도움을 요청하지 않을 때라도, 그들의 부모나 그들이 사랑하는 사람이 도와달라는 신호에 귀를 기울입니다. 그러고는 그들이 할 수 있는 모든 수단을 동원해 도움이 되고자 노력합니다. 특히 누군가가 특정한 상황에서 특정한 사람을 어떻게 도와줄 수 있는지(일종의 '선행' 같은) 본보기만 있다면, 아이들은 특별한 윤리의식을 공부하지 않아도 다정하고 열린 자세로 도움의 손길을 내밀 줄 압니다.

따라서 우리 어른들도 아이들처럼 '조용한' 도움의 외침에 귀 기울이는 법을 배워야 합니다. 그리고 도움을 요청하는 아이들의 '조용한' 신호에 관심을 주는 것이 중요합니다. 아울러, 아이들이 겪은 무시와 수치감 또는 착취의 위험 수준을 어른들의 기준으로만 보는 것도 아이들이 보내는 요청을 무시하는 것과 같은 암울한 결과를 낳는다는 사실을 기억해야 합니다.

화, 분노, 거부감

곰곰이 생각해보면, 아이가 느끼는 공격적인 감정만큼이나 존중받지 못하는 감정도 없습니다. 부모들은 물론 교육자들도 아이들이 항상 평화롭고 다정하기를 바랍니다. 아이가 화를 내지 않았으면 좋겠고, 분노하지 않고, 반항하지 않기를 바랍니다. 또 아이가 자의식을 가지고, 자신의 의지를 통제할 수 있기를 바랍니다. 다른 감정은 몰라도 아이가 공격적인 감정만은 제발 갖지 않기를 바랍니다.

그런데 화, 분노, 반항심을 느끼고 그것을 생생하게 표현할 수 있는 능력이 없다면, 또 공격적인 감정과 즉흥적인 거부 충동을 느낄 수 없다면 아이에게 자의식이 있을 수 있을까요? 나아가 자기주장을 제대로 펼칠 능력이 유지될 수 있을까요? "시금치를 안 먹을래요", "내 방 청소하기 싫어요", "때리기도 싫고 맞고 싶지도 않아요", "모욕당하기 싫어요"와 같은 표현처럼 '아니오'라고 말할 수 있는 능력은 사실상 공격적인 감정에서 시작합니다. 당연히 분노나 공격적인 감정의 표출이 똑같아야 하는 것은 아닙니다. 다만 원하지 않는 어떤 행동이나 주변 상황에 대해 단지 말로써 '아니오'라고 말하는 것도 화나 분노의 표현입니다. 이때 다른 점은 감정의 표현 정도가 비교적 가볍다는 것뿐입니다. **'아니오'라고 말할 수 없는 사람은 '예'라고 말할 수 없습니다. 이런 사람들은 매사 불분명하고 존재감이 없으며 모호한 상태에 놓이게 됩니다.** 자신의 삶을 자신의 손으로 꾸려나가지도 못하고, 자신의 의지대로 삶을 만들어가거나 이끌 줄도 모릅니다. 따라서 공격적인 감정을 느끼고, 이를 표현하는 것은 아주 소중한 능력입니다. 공격적인 감정은 자신의 삶 그리고 다른 사람과의 관계에서 방향을 설정하고 길잡이 역할을 하기 때문입니다.

사춘기, 이른바 반항기에 이르면 '아니오'와 같은 분노와 공격적인 감정이 노골적으로 가시화됩니다. 이때쯤 되면 '아니오'라는 반응은 신중하고 조심스럽게 나오지 않습니다. 어느 때건 불쑥 튀어나오듯 등장합니다. 그러나 파급효과는 놀라울 정도로 큽니다. 이를테면 식탁에서 시금치가 먹기 싫어 반찬 투정하는 아이가 있습니다. 할머니가 아이를 달래기 위해 안으려고 하자 아이는 욱하는 마음에 그 순간 할머니를 옆으로 밀쳐내고 맙니다. 당연히 사랑하는 할머니에게 일부러 그런 행동을 한 건 아닙니다. 그런데 엎친 데 덮친 격으로 그렇게 밀쳐진 할머니의 손에 걸린 시금치가 하필이면 엄마의 옷에 떨어집니다. 또 담배 냄새가 풀풀 풍기는 아빠가 아이에게 뽀뽀하려고 합니다. 아이가 질색하며 얼굴을 옆으로 돌립니다. 이런 행동들도 마찬가지로 화, 분노, 거부 등과 같은 공격적인 감정의 표현입니다. 그런데 아이에게 보이는 이 같은 반항이나 거부, 공격적인 감정을 표현하지 못하도록 너무 이른 시기에 억압하면, 발달과 성장 과정에 있는 아이의 자의식은 부서지게 됩니다. "또 시작이네. 너는 정말 한 번도 그냥 순순히 넘어간 적이 없어. 매번 말을 안 들어!"와 같은 말로 아이의 거부 의사를 비웃고 조롱하면, 결국 '아니오'라는 거부감으로 드러나는 감정 표현이 점점 사라지게 됩니다. 반항심은 충분히 존중을 받을 만한 가치가 있는 감정입니다. 무시될 만한 이유도 전혀 없습니다. 흔히 "처음부터 그렇게 고집부리거나 거절하고 싶지는 않았어요"와 같은 말을 자주 듣습니다. 그런데 여기서 고집 또는 반항을 뜻하는 독일 말 'trutzen'은 '반항하다, 맞서다'라는 단어에서 유래했으며, 중세시대에 방어목적으로 만들어진 요새에서 기원한 개념입니다. 따라서 반항이란 본디 자신을 방어하고 보호한다는 의미일 뿐 사실상 다른 뜻은 없습니다. 젖먹이를 포함한 어린아이는 사실상 가까이 다가오는 모든 물체나 생명체에 완전 무방비 상태로 노출돼 있습니다. 하지만 젖먹이도 '아니오'라고 반응할 능력이 있습니다. 정확히 표현하자면, 아직 말은 못하지만 '아니오'와 같은 반응을 보여줄 능력이 있다는 뜻입니다. 이러한 반항은 정교하지 못하고 매우 서툴거나 둔합니다. 때로는 본래의 목적에서 벗어나기도 하죠. 그런데도 어린아이가 보이는 반항의 반응을 어른들은 대부분 불편해합니다. 물론 실제로 어른들을 매우 곤혹스럽게 만들기도 합니다. 그러나 **반항은 아이가 가치를 평가하는 능력을 주체적으로 형성해가는 과정에서 이해되어야 합니다. 즉 삶 속에서 자신의 관심을 옹호하고 방어하며 주장하는 첫걸음인 셈입니다.**

아이들은 반항, 그리고 성장하는 과정에서 좀 더 나중에 생기는 다른 공격적인 감정들도 나타내기 마련입니다. 그러나 이런 감정들을 표현했다는 이유로 벌을 받거나 무시당한 아이들이 상당히 많습니다. 우리 어른들은 대개 공격적인 감정 없이 살고 싶어 합니다. 또 될 수 있으면 누구에게나 공평해지려고 합니다. 그런데 어른들도 역설적이지만, 언뜻 평화롭고 공격성이 전혀 없을 것 같은 사회생활에서 공격적인 반응을 경험하는 게 어렵지 않습니다. 게다가 매우 심한 공격적인 분위기 속에서 어른들도 반항과 같은 공격적인 감정을 표현하고 또 경험하기도 합니다. 그런데 유독 아이에게만 공격적인 감정을 표현하지 말라고 말합니다. **아이가 얼마나 심한 공격적인 분위기 속에서 또는 어떤 압박감 속에서 '아니오'라는 말을 하게 되었는지는 전혀 고려되지 않습니다. 단지 아이 자신만이 어떤 특정한 상황에서, 어떤 이유로 '아니오'라는 말을 하게 되었는지 생생히 기억할 뿐입니다.** 부모들은 아이들이 이러한 반항을 외부로 표현하지 못하도록 억압합니다. 그리고 당연히 아이의 반항은 존중받거나 지지받지도 못합니다. 이렇게 되면 아이의 내면에서는 또다시 보이지 않는 분노의 불꽃이 활활 타오르게 됩니다. 어른이나 아이 할 것 없이 사람들은 어떤 것을 수긍하거나 거절함으로써 자신의 행동을 설명합니다. 이를 확인하기 위해 사람들은 다른 사람을 필요로 합니다. 그런데 어른들과 달리 아이들에게는 짚고 넘어가야 할 중요한 부분이 하나 더 있습니다. 예를 들어, 아이가 선생님의 부당한 행동에 화를 냅니다. 이때 아이에게는 자기편을 들어주고, 자신을 지지하고 인정해줄 누군가가 필요합니다. 그런데 아무도 이런 아이를 편들어주지 않으면 아이는 단순히 분노를 느끼는 데서 그치지 않고, 부당한 행동에 화를 내는 자신의 감정이 무슨 의미가 있는지 회의를 느낍니다. 나아가 분노의 정당성에 대한 의구심마저 품게 됩니다. 자칫 선생님에 대한 분노가 도리어 자신에 대한 분노로 급변할 수도 있습니다. 또 무엇이 과연 옳은 것인지 모호하고 불확실하게 인식할 수도 있습니다. 자신이 그러한 '나쁜' 감정을 가졌다는 것 자체를 창피하게 느낄 수도 있습니다. 겉으로는 아무렇지도 않고 평화롭게 보일 수 있습니다. 하지만 정작 아이와 청소년의 내면에는 이런 복잡한 감정들이 들끓을 수 있습니다. 때에 따라서 약물에 손을 대거나 자해와 같은 방식으로 내면에 들끓는 감정이 표현되기도 합니다. 결국, 표면적으로 드러난 이러한 현상들을 장애로 치부해버리지만, 사실 이는 아주 오래전부터 존재해 있던 장애의 결과인 셈이죠. 즉 장애는 엄연히 존재해 있는 공격적인 감정을 표현하지 못하도록 하는 데서 비롯된 것입니다.

깊은 곳에서 마그마가 들끓는 화산의 마지막 결과는 자명합니다. 결국, 언젠가는 폭발할 수밖에 없습니다. 공격적인 분노의 감정은 터지고 맙니다. 꾹꾹 누르며 참았던 감정들은 불쑥 쏟아져 나옵니다. 물론 그 분노 폭발의 원인이 한 가지만은 아닐 것입니다. 열세 살 스벤은 순간적으로 화를 폭발시키고 말았습니다. 다른 사람도 아닌 여자 친구가 아주 친한 친구들 앞에서 자신을 비웃었기 때문입니다. 아홉 살 마르크는 주기적으로 분노가 폭발합니다. 오래전부터 마르크의 부모는 마르크가 거친 행동을 할 때마다 때렸습니다. 여러 해가 지나는 동안 분노가 폭발할 때마다 폭력으로 해결하곤 했습니다. 그런 탓에 폭력에는 폭력으로 갈등을 '해결하는' 것이 당연한 본보기가 되었습니다. 아니카는 이따금 '제정신'이 아닌 채 날뛸 때가 있습니다. 언뜻 화를 내는 것처럼도 보입니다. 하지만 그 배후에는 말 그대로 어찌할 바 모르는 무력감이 숨어 있습니다. 자신이 어떻게 해야 할지 모를 때면 아니카는 곤경에 처합니다. 너무 막막해 극도로 긴장하고 흥분해서, 결국 화가 난 듯이 미쳐 날뜁니다. 말하자면, 누적된 긴장과 흥분이 미쳐 날뛰는 것과 같은 공격적인 형태로 표출되면서 쌓인 긴장과 흥분이 가라앉거나 줄어들게 되는 것입니다. 과잉행동을 하는 아이의 태도는 언뜻 보기에 공격적이고 분노하는 양상을 띠지만 실상은 다를 수 있습니다. 과도한 부담이나 어찌할 바 모르는 무력감의 또 다른 표현일 수 있습니다. 사실, 이러한 현상은 전혀 드물지 않게 관찰됩니다. 오히려 아주 흔한 일입니다. 따라서 분노의 폭발이 반복적으로 나타나거나 통제하기 어렵다면, 먼저 표면에 드러나지 않은 숨은 원인을 찾아야 합니다. 여기서 말하는 드러나지 않고 숨은 원인이란 분노의 아래에 깔린 감정을 말합니다. 책을 읽을 때, 내용을 이해하는 데 도움이 되도록 책 아래에 깔린 배경 주석과 비슷합니다. **공격적인 분노의 폭발을 일으킨 원인, 즉 표면에 드러나지 않지만 숨어 있는 맥락을 찾아야 합니다. 이를테면 아이의 분노를 폭발하게 만든 원인이 무력감, 외로움, 또는 다른 부당한 요구로 생겼다는 것을 알게 된다면, 문제에 걸맞은**

조처를 할 수 있습니다. 그렇게 되면 분노를 폭발하게 만드는 근원, 즉 분노의 샘을 꾸준히 메마르게 할 수 있습니다.

아이의 공격적인 감정에는 아직 언급하지 않은 또 다른 특성도 있습니다. 이른바 '신성한' 분노입니다. 분노라는 공격적인 감정은 특정한 방향성이 있습니다. 예를 들어 '누구한테 마음의 상처를 입었다' 또는 '누군가에게 방해를 받았다' 아니면 '배신당한 느낌이 들었다' 또는 멸종 위기에 놓인 동물을 구하는 활동처럼 무언가를 확신할 때, 아이들은 단호한 어조로 화를 내며 장시간에 걸쳐 지속해 분노할 수 있습니다. 아이는 온몸과 마음으로 분노할 권리가 있습니다. 아이의 행동 하나하나에 분노가 서리게 됩니다. 즉 아이의 몸, 마음과 행동에 분노의 영혼이 깃들게 됩니다. 분노는 열정이 되어 힘을 발휘합니다. 아이가 분명하고 단호하게 '아니오'라고 말할 수 있는 능력은 '예'라고 말할 수 있는 힘의 원천입니다. 또 '아니오'라고 말하는 능력이 자신이 옳다고 여기는 일을 이루기 위해 열정적으로 참여하고 방어하는 힘의 원천이 될 수 있다는 사실을 명백히 깨달아야 합니다.

불평과 미움

아이가 칭얼대며 불평하면 부모는 어쩔 줄을 몰라 당황하고, 아이를 (그리고 본인 자신을) 위해 이것저것 해봅니다. 하지만 이러한 시도는 안타깝게도 아이에게 잘 먹혀들지 않죠. 아무런 효과가 없으니 부모는 다시 어찌할 바 몰라 무척 난감해합니다. 하지만 부모만이 아니라 당황스러운 건 아이도 마찬가지입니다. 아이가 칭얼대며 불평하는 이유는 어쩌면 어딘가 불편함을 느끼거나 혹은 병치레를 하는 것일 수 있습니다. 아이는 자신이 느끼는 감정이 무엇인지 알지 못합니다. 부모만 '이해'할 수 있도록 적합하게 표현할지도 모릅니다. 아이가 짜증

내고 불평하면, 거기엔 분명 불만인 이유가 있다는 것은 확실합니다. 그러나 아이도 모릅니다. 설령 안다고 해도, 적어도 아이는 그것이 무엇인지를 말로 딱 '꼬집어' 지적하지 못합니다. 아이는 자신이 느끼는 불만에 적합한 표현을 알지 못합니다. 말로 지적할 수 없어서 그것이 무엇인지 아이 자신도 모르지만, 아이는 칭얼거림으로써 자신이 불만을 느끼고 있다는 사실을 표현할 뿐입니다. 그런데 아이의 불만은 어디로 향하는지 모릅니다. 목적도 방향도 없습니다. 말하자면, 무언가 파악하고 알아내서 변화시킬 수가 없습니다. 이처럼 불만은 특정한 방향이 없어서 주변 환경 전체로 퍼져나갑니다. 칭얼대며 불평하는 아이는 아무것도 또는 그 어떤 것에도 만족해하지 못합니다. 그런데도 이런 상황에서 부모는 칭얼대는 아이에게 꿋꿋이 많은 것을 권합니다.

문제는 불평의 정도가 심해질 때입니다. 공격성을 띠기도 하고 분노의 발작처럼 폭발하기도 합니다. 예를 들어 열다섯 살 레오니는 매사에 짜증 내며 불평합니다. 엄마는 이런 딸을 돌보느라 애를 먹습니다. 레오니가 불평할 때마다 엄마는 무엇 때문에 힘든지 물어보지만, 뚜렷한 대답이 돌아오지 않습니다. 엄마는 다만 레오니가 평소에 좋아하는 아이스크림을 챙겨주거나 하는 식으로 다른 필요한 것들이 있는지 물어보면서 불평하는 레오니의 관심을 다른 데로 돌려보려고 애씁니다. 그러나 다 소용이 없습니다. 결국, 어느 시점에 레오니가 폭발합니다. 엄마도 더는 칭얼거리는 레오니의 행동에 참을 수 없게 되어, 그녀를 달래는 걸 포기합니다. 레오니는 엄마를 밀치며 "엄마가 싫어!"라고 버럭 고함을 지릅니다. 엄마는 그 모습에 놀라 당황해합니다. 물론 엄마는 여전히 레오니를 사랑하고 관계도 좋다고 생각하지만, 지금 이 순간이 당황스럽게 느껴지는 건 어쩔 수 없습니다.

이런 돌발적인 감정 분출은 부모에게 놀랍고 당혹스러운 일입니다. 비단 엄마만 그런 게 아니라, 레오니 자신도 당혹스럽기는 마찬가지입니다. 이런 감정을 분출한 자기 자신에 대해서 놀라워합니다. **우리는 항상 아이의 감정 표현을 진지하게 받아들여야 한다고 강조하곤 하는데, 일단 이런 상황에서는 한걸음 물러나는 것이 좋습니다.** "엄마가 싫어!"와 같은 표현은 불쑥 튀어나온 폭발입니다. 아이의 진심은 아닙니다. 단지 자신의 분노를 그렇게 표현했을 뿐입니다. 레오니가 했던 "엄마가 싫어!"라는 말에는 다음과 같은 의미가 담겨 있습니다. 자신도 왜 그런지 몰라서 당황스러운데, 정작 자신보다 더 많이 알아야 할 엄마도 그게 뭔지 모르면서 자신을 가만 내버려두지 않고, 무슨 문제가 '있는지' 꼬치꼬치 캐물어서 더 분노한 것입니다. 달리 말하면, 이 상황을 어떻게 대처해야 할지 방법을 모르는 자기 자신에게 화가 난 것입니다. "엄마가 싫어!"라는 표현에는 어찌할 바 모르는 레오니의 무력감이 뒤섞여 있습니다. 분노, 불만, 무력감, 또는 부담과 같은 다양한 감정들이 내면에 뒤죽박죽 혼재된 채 있다가 한순간 이런 표현으로 첨예화된 것이죠.

옌스도 아빠에게 "아빠가 싫어!"라고 고함을 칩니다. 일 때문에 온 가족이 다른 도시로 이사해야 해서 여덟 살 옌스는 다른 학교로 전학 가야 합니다. 옌스는 다른 학교로 가고 싶지 않습니다. 자신을 조금도 배려하지 않은 부모님에게 무시당했다는 감정을 느낍니다. 그래서 반발하고 항의했습니다. 부모님도 아이가 전학을 원치 않는다는 사실을 알고 있어서 옌스를 달래려 애씁니다. 옌스도 이미 결정 난 일이 바뀌지는 않는다는 사실 정도는 잘 알고 있지만, 익숙한 환경과 친구들을 잃고 싶지 않습니다. 다만 부모님의 결정이 불만스럽고, 절망적이기까지 한 것입니다. 옌스가 외치는 "아빠가 싫어!"에는 불만, 절망, 분노 그리고 무엇보다도 어찌해야 할지 모르는 옌스의 무력감이 정서적으로 뒤엉켜 혼재되어 있습니다.

이럴 때는 어떻게 해야 할까요? 레오니와 옌스, 이 두 아이의 사례라면 먼저 아이가 느끼는 감정 상태를 이해하고, 부모가 아이들이 느끼는 불만을 공감하고 받아들이는 것이 우선입니다. 이를테면 옌스의 아빠는 "네가 이사하고 싶지 않다는 걸 아빠도 잘 알아. 그리고 아빠도 네가 다니는 학교와 친구들을 잃는 게 슬퍼. **하지만** 안타깝게도 아빠에게 달리 방법이 없어"와 같은 다소 잘 정리된 말로 아들 옌스에게 메시지를 보냈습니다. '**하지만**'이라는 표현이 곧바로 효과가 있는 것은 아니었지만, 장기적인 측면에서는 도움이 되었습니다. 옌스의 부모는 아들 옌스의 감정이 오르락내리락 요동치는 과정을 신중히 여기고 함께했습니다. 이렇게 6개월이 지나고 난 후 옌스는 새로운 상황에 적응했습니다.

레오니의 엄마도 옌스의 아빠처럼 '**하지만**'이라는 표현을 시도해볼 수 있습니다. 예를 들어 "네가 엄마를 싫어한다고 말해서 마음이 몹시 아파. **하지만** 네게 무언가 불만이 있다는 건 엄마도 알아. 엄마 생각에는 우리 둘 다 어찌해야 할지 몰라 속수무책인 느낌이 들어서일 거야. **하지만** 널 도울 방법을 엄마도 찾아볼게. 사랑해"라고 말입니다. 어떤 때는 칭얼대며 불평할 때 아이 스스로 진정할 수 있도록 잠시 그냥 내버려두는 편이 낫습니다. 반면에 곁에서 꼭 함께해줘야 할 필요가 있는 아이도 있습니다. 이는 아이의 상황이나 개인적인 성향에 따라 달리 대응해야 합니다. 그러나 무엇보다 중요한 것은 불평의 배후에 불만과 무력감이 있다는 것을 알고 인정하는 것입니다. 칭얼거리며 불평하는 아이에게 때로 거리가 필요하지만, 그렇다고 마냥 혼자 내버려 두어서도 곤란합니다.

공황과 절망감

공황은 두려움 이상의 감정입니다. 한 아이가 시험을 앞두고 두려움의 감정을 느낀다면, 이는 부모의 걱정이 필요 없는 지극히 자연스러운 현상입니다. 아이들은 항상 시험을 두려운 것으로 여깁니다. 하지만 공황은 이런 종류의 두려움과 그 결이 다릅니다. 이를테면, 시험이 임박했을 때 공황에 빠지는 아이들이 있습니다. 공황에 빠진 아이들은 갑작스럽게 마치 온몸이 마비라도 된 것처럼 더는 하던 일을 수행할 수 없으므로, 시험을 치를 수조차 없습니다. 이렇듯 공황은 두려움과 달리 과제를 수행하는 과정에 직접 개입해 아예 사고 자체를 멈추게 합니다.

공황은 극단적인 두려움입니다. 아주 예외적인 감정 상태, 말하자면 비상 상황입니다. 공황은 마비와 경직을 일으키기도 하지만, 그 반대로 극도의 불안과 동요를 일으키기도 합니다. 공황 상태에 놓이면, 아이는 평소에는 두려운 상황임에도 잘 해내던 것들을 더는 해낼 수 없게 됩니다. 문제에 제대로 대처할 수도, 문제를 해결할 수도 없으며, 또 이를 극복할 수 있는 구체적인 방법들을 적용할 수도 없습니다. **공황은 눈앞을 깜깜하게 만들고 안개가 낀 것처럼 흐릿하게 합니다. 또 갑작스러운 공항 때문에 공황을 일으킨 원인이 모호해지거나 사실상 은폐되기도 합니다.** 아이를 비상 상황으로 몰고 간 원인이 겉으로 보기에는 구체적인 듯 보이지만, 실상은 그렇지 않습니다. 이를테면, 겉으로는 학교 시험이나 이와 비슷한 경험들이 공황을 일으킨 원인으로 보입니다. 하지만 구체적으로 표면에 드러난 것만으로는 아이가 겪는 문제적 상황을 이해하기 어렵습니다. 이때 공황 발생의 근원이 될 수 있는 다른 과거의 경험을 살펴보면 유용한 단서를 찾을 수 있습니다. 예를 들어, 시험이라는 특정한 상황이 꼭 공황의 원인이라고 단정할 수 없습니다. 시험과 무관한 다른 경험이 아이의 공황을 일으킨 원인일 수 있다는 뜻입니다. 가령, 아이를 위해 부모가 시험공부를 도와준 것이 원인일 수 있습니다. 이러한 도움이 의도치 않게 아이에게 기대에 따른 압박감으로 작용했을 가능성도 충분합니다. 아이는 최선을 다해 부모님의 기대에 부응하려고 하지만 원하는 만큼 해낼 수 없다고 느낄 수 있습니다. 어린이집에서 온종일 지내야 하는 어린아이도 마찬가지입니다. 어린이집 생활이 아이에게 일어나는 유일한 자극이고, 그 자극을 아이가 감당하기 어려울 때도 충분히 공황에 빠질 수 있습니다. 또 어른이나 같은 또래 친구한테서 가능하기조차 어렵고 고통스러운 창피와 멸시를 받은 경험도 공황을 일으키는 데 한몫합니다. 인생의 한 단계에서 겪는 이런 종류의 경험은 이후 펼쳐질 긴 인생에 크나큰 파장을 일으킵니다. 아이의 힘으로 바꿀 수 없는 기질, 외모, 목소리, 장애, 재능, 소질 등 개인의 특징 때문에 받은 깊은 상처도 공황과 관련이 깊습니다. 때로는 아이가 겪은 트라우마와 같은 폭력의 경험이 공황을 일으킬 수도 있습니다. 아이는 과거에 겪었던 트라우마가 그의 삶에서 다시 나타날 낌새만 느껴져도 위협으로 느끼고 공황 상태에 빠집니다. 물론 다른 사람들은 그 낌새를 전혀 눈치챌 수 없습니다. 이렇듯 공황 상태는 사람마다 각각 다르고 다양합니다. 따라서 공황을 일으키는 근본적인 원인과 단서는 각각 개별적으로 찾아야 합니다.

공황의 감정 상태는 절망과 가깝습니다. 말하자면, 둘은 서로 불가

분의 관계에 놓여 있습니다. **절망 속에서 공황은 자랍니다. 공황이 아주 짧은 순간을 촬영하는 스냅사진이라면, 절망은 장편영화입니다. 궁극적으로 공황을 초래하는 커다란 두려움은 절망 속에 희망 없음, 포기라는 감정과 짝을 이룹니다.** 가능성이 사라지면, 아이는 위협을 극복할 수 있다는 희망을 품지 않습니다. 절망에 휩싸이면 아이는 도움이나 지원을 찾으려는 시도조차 지레 포기합니다.

아이는 자신이 절망 상태라는 것을 말하지 않습니다. 아니, 정확히는 말할 수 없습니다. 그래서 절망을 숨깁니다. 하지만 부모나 교사가 진심으로 열린 마음으로 아이를 대한다면, 아이와 함께하는 동안에 형성되는 분위기에서 이를 감지할 수 있습니다. 절망감에 휩싸일수록 아이는 움츠러들어 몇 걸음이나 더 뒤로 물러납니다. 어떤 때는 놀라울 정도로 경직되기도 합니다. 또 어떤 때는 거친 공격성을 띠며 날뛰기도 합니다. 어떤 아이는 미친 듯이 부수고 때리기도 합니다. 이러한 절망 또한 아이에 따라 다양하므로 각각 개별적인 원인을 찾아야 합니다. 예를 들어, 부모가 이혼하면 아이는 절망합니다. 이제 아무도 자신을 사랑하지 않고, 사랑하지 않을 게 '분명'하다고 믿습니다. 그래서 절망합니다. 때로 그들은 혼자라고 느끼며 버려졌다고 느낍니다. 이때 엎친 데 덮친 격으로 엄마나 아빠와도 같은 아주 가까운 사람들까지 우울한 감정에 사로잡혀 있다면, 이제 자신의 절망을 토로할 통로마저 차단됩니다.

아이가 공황이나 갑작스러운 절망 상태에 빠지면, 말 그대로 비상입니다. 이때는 원인을 찾기보다는 먼저 아이를 안정시키고 붙잡는 것이 급선무입니다. 어떤 측면에서 보면, 공황과 절망은 자신을 껴안고 꽉 붙잡아달라는 외침입니다. 때에 따라서는 이를 위협으로 받아들여 완강히 거부할 수도 있습니다. 그래서 아이를 붙잡거나 껴안아줄 수 없을지도 모릅니다. 이럴 때라면 따뜻한 말, 눈빛, 몸짓으로 안아주는 것을 대신할 수 있습니다. 절망과 공황 상태에 놓인 아이들은 혼자가 되었으며 버려졌다고 느낍니다. 설령 아이가 도움을 받을 가능성이 있더라도 절망과 공황은 이러한 가능성마저 차단해버립니다. 그러므로 절망과 공황 상태에 빠진 아이에게 "지금 여기, 엄마가 네 곁에 있을게. 넌 혼자가 아니야"라고 알려주는 게 중요합니다. 이러한 표현을 어떻게 할 것인지는 상황과 아이에 따라 다를 수 있습니다. 이런 행동이 즉시 효과가 나타나기도 하지만, 때에 따라 많은 시간이 필요하기도 합니다. 혼자 버려졌다는 감정이 단지 이번에 처음으로 느껴진 감정이 아니기 때문입니다. 따라서 이런 점을 고려해야 하며, 이에 걸맞게 대응해야 합니다. "내가 네 곁에 있을게. 내가 널 지켜줄게"라는 말과 함께 끈기와 인내가 뒷받침되어야 합니다.

놀라움, 감탄과 경악

뒤셀도르프의 어느 따뜻한 6월 오후, 아이가 엄마의 손을 잡고 차들이 많이 다니는 길에 서 있습니다. 아이는 엄마와 함께 신호등이 파란색으로 바뀌기를 기다립니다. 지나가는 자동차를 가리키며 "우와 자동차다!"라고 소리칩니다. 이렇게 말을 하면서 자동차가 가는 방향으로 고개를 돌립니다. 그러고는 다시 "우와 자동차다!"라고 말합니다. 아이는 이 말을 한 번 더 말하고 또다시 반복합니다. 이렇듯 아이는 아무것도 아닌 일에 놀라워합니다. 아이만이 이렇게 거리낌 없이 놀라워할 수 있습니다. 사는 게 힘들고 고단한 어른들은 놀라워하는 법을 잊어버린 지 오래입니다.

아이들의 놀라움, 특히 어린아이의 감탄은 솔직하고 개방적입니다. 아이들은 항상 새로운 것에 열려 있습니다. 감탄은 경이로움, 무언가 멋진 대상, 경탄하게 만드는 존재와의 만남에서 나오는 감정입니다. 아이는 감탄할 때 새로운 무언가를 그의 내면에 깊숙이 받아들입니다. 이런 점에서 감탄이라는 놀라움은 소스라치게 놀라는 경악과 불가분의 관계에 놓입니다. 감탄은 안으로 파고듭니다. 들어오라고 초대하지 않았는데도 기습적으로 갑자기 훅 들어옵니다. 경악도 감탄과 마찬가지로 갑자기, 돌연, 깜짝 놀라는 순간에 파고듭니다. 끔찍이 놀라 경악한 상태라면 아이는 위협에 맞서 자신을 충분히 지켜낼 수 없습니다. 경악스럽고 끔찍했던 체험은 아이의 뼈마디에 새겨지듯 자리 잡고 있다가, 어느 순간 불쑥불쑥 튀어나와 아이를 사로잡습니다. 순식간에 기습적인 형태로 나타나므로, 소스라치게 놀라는 아이는 미처 자신을 보호할 수 없고 대비할 여유도 없습니다. 게다가 이런 현상은 한 번이 아니라 반복해 발생합니다. 따라서 이같이 자주 경악하는 아이라면 특별한 보호가 필요한데, 특히 무조건적이며 꾸준하게 안전하다는 믿음을 주어야 합니다. 아이는 안전하다는 믿음 안에서 자신의 경계를 지키고 보호할 수 있고, 무엇보다 그런 환경에서 자신감을 다시 회복할 수 있습니다.

깜짝 놀라 경직되거나 잦은 경악 상태에 사로잡히는 아이들은 감탄하는 법을 잃어버립니다. 감탄하는 놀라움은 마음을 열 준비가 되어 있는 상태에서 일어나지만, 경악하는 놀라움은 이와 반대로 마음을 닫고 내면화한 상태에서 일어납니다. 따라서 감탄해 놀라는 아이는 무언가를 받아들입니다. 말하자면, 감탄하게 하는 다른 것, 새로운 것, 낯선 것을 자기 안으로 깊이 받아들입니다. 감탄하는 아이는 낯선 것이 놀랍고, 감탄스러워 낯선 것을 받아들일 필요가 있다고 여기지만, 경악에 맞서 힘들게 싸우는 아이는 낯선 것을 안으로 받아들이는 위험을 감수하려 하지 않습니다. 또 그렇게 할 수도 없습니다.

우리는 치료 과정에서 경악하는 아이들에게 감탄의 감정이 도움이 되는 것을 목격하곤 합니다. 유일한 방법은 아니지만, 결정적인 도움은 됩니다. 예를 들어 말이나 당나귀 새끼의 탄생, 오버헤드킥을 성공시킬 방법 같은, **그것이 무엇이든 아이가 관심이 큰 분야와 존중받는다고 느끼는 분야에서 다시 감탄하는 법을 배우면, 아이의 감정은 끔찍함 때문에 경직된 것들이 점차 흐르듯 유연해지고 부드러워집니다.** 이렇게 되면 최소한 아이는 경악스러움 대신에 마음을 열 수 있는 다른 감정을 느끼게 됩니다. 근원적인 삶의 감정으로서 자신을 옭아매는 경악스러움을 점차 밀어내고 그 자리에 다른 감정들을 채워 넣게 됩니다.

관심과 호기심

니클라스는 다른 사람에 대한 관심을 끊었습니다. 하지만 아무도 눈치채지 못했습니다. 니클라스는 여느 때처럼 학교에 갔고, 지금까지 보던 대로 텔레비전 시리즈를 보았으며, 그의 소꿉친구들을 만났습니다. 지금까지 쭉 그랬습니다. 그래서 니클라스가 마음 둘 만한 곳이 없고, 진심으로 관심 둘 만한 곳이 없다는 사실을 아무도 알아채지 못했습니다. 부딪혀서 틀어진 바퀴는 멈추기 전까지는 계속해서 달립니다. 니클라스는 부모님을 기쁘게 하려고, 학교에서 그 누구보다 열심히 공부했습니다. 그런 탓에 다른 사람들은 그가 책을 읽을 수 없다는 사실을 오랫동안 알아채지 못했습니다. 근래에 들어 무슨 이유에서인지 잠을 잘 자지 못하게 되었고, 결국 자다가 갑자기 깜짝 놀라 잠에서 깨는 일이 잦아졌습니다. 그제야 부모님은 니클라스에게 무언가 문제가 있다는 사실을 알아챘습니다. 하지만 이제 니클라스는 더 많은 것들에 무관심해졌고, 주말에는 아침마다 침대에 누워 있기만 합니다. 벌떡 일어나 침대 밖으로 나오게 할 만한 것이 아무것도 없습니다. 니클라스는 관심을 두는 능력을 잃어버린 것입니다. 관심이 얼마나 중요하며 얼마나 근본적인 감정인지 사람들은 그것이 사라졌을 때, 혹은 사라질 위기에 처했을 때야 비로소 알아차립니다.

관심은 과소 평가된 감정입니다. 관심은 세상에 대한 감정이자, 어떤 사람, 활동 또는 대상이 있는 방향으로 마음이 가는 본성입니다. 그것이 승마일 수도 아이스하키일 수도 있습니다. 또 바비 인형일 수도 있고, 역사 수업일 수도 있습니다. 사람은 누구나 무언가에 관심이 있습니다. 특별히 마음이 가고, 시선을 잡아채며, 그에 맞는 활동을 하는 것에 관심을 가집니다. 관심은 동기와 행동의 기본적인 토대가 되는 감정입니다. 이러한 감정이 사라지면 동기도 가라앉습니다. 그리고 그와 더불어 활동할 수 있는 능력도 사라집니다. 따라서 우울의 본질은 관심이 사라진다는 데 있습니다.

아이가 이것저것에 관심을 보이느냐 아니냐는 우선순위가 아니라,

그다음 문제입니다. **가장 중요한 것은 아이가 무엇인가에 관심을 둘 수 있게 하는 것입니다. 어떤 것에 대한 관심을 금기시하지 않고, 관심을 가져도 된다고 용인하는 것입니다.** 아이들은 세상으로 나가 이 방향, 때로는 저 방향으로 기웃거립니다. 아이들의 관심은 무언가를 찾는 활동, 또는 발견하는 탐험 여행의 일부입니다. 아이에게 끈기, 분명함, 명백함 따위를 기대하는 것은 착각입니다. 아이에게 이런 것을 요구하는 것 자체가 애초에 상황을 망치는 행위입니다. 종종 부모들은 아이의 관심이 오락가락 바뀌어서 힘들다고 불평을 토로합니다. 얼마 전 새 안장과 승마용 장화를 사주었는데, 이제 승마는 '끝'이라며 거들떠보지도 않고, 지금은 최신 음악에만 정신이 팔렸다고 불평합니다. 황당하고 당연히 화가 날 수 있습니다. 하지만 부모의 마음에 들든 안 들든 관심을 시시때때로 바꾸는 건 아이의 권리입니다. 아이에게는 이랬다저랬다 하고, 수시로 변하고, 왔다 갔다 하는 관심을 둘 권리가 있습니다.

아이가 하루에 서른 번씩 부모에게 "왜?"라고 물어보면 짜증스럽고 불만스러울 수 있습니다. 하지만 누구에게나 어린 시절은 무엇이든 허락되는 시기이고, 무언가를 요구하는 시기이자, 호기심을 갖는 시기라는 사실을 기억해야 합니다. 호기심은 정도가 높아진 관심입니다. 이는 아이가 세상을 받아들이고 있다는 표현이자, 집약적인 관심입니다. 호기심은 아기가 기어다니며 탐험 여행을 시작하는 시기, 이른바 '폭발의 단계'에 이르러 기어다닐 때 그리고 무언가를 손으로 잡으려고 할 때부터 시작합니다. 그리고 점차 이성이나 동성에 대한 호기심, 성에 대한 호기심, 어른의 세계에 대한 호기심으로 확대되고 그것으로 끝나지도 않습니다. 호기심은 배울 수 있는 감정이기도 합니다. 따라서 호기심을 잃어버린 어른들이라면 아이에게서 다시 호기심을 갖는 법을 배울 수 있습니다.

열광과 열정

어린아이들의 감정에는 회색지대, 즉 중간이라는 게 없습니다. 나이가 어릴수록 감정이 분명합니다. '예' 또는 '아니오', '좋음' 아니면 '싫음'이 지배적인 감정이고, 이 사이의 어느 '중간'쯤에 해당하는 감정은 드뭅니다. 분명하지 않은 중간적인 모호한 감정은 나이가 들어가면서 발달합니다. 특히 아이가 어떤 대상에게 강하고 밀도 있게 느끼는 감정이 바로 열광입니다. 멋지고, 다채롭게 반짝거리며 훤히 밝아지는 감정입니다. 모든 열광은 각각 무언가에 대한 열광입니다. 즉 어떤 것에 머물러 있는 감정이 아니라, 어떤 것으로 향하는 감정입니다.

그래서 방향이 있습니다. 열광은 어떤 것을 향한 느낌이자, 어떤 의향이 더 강화된 감정입니다. 아이는 크리스마스, 격투 스포츠, 장난감 모형, 철도와 같은 것에 열광할 수 있습니다. 그리고 이런 열광에는 항상 자기 자신에 대한 관심이 들어 있습니다. 열광은 중간단계의 호기심에서 더 높아진 관심입니다. 적어도 일시적으로라도 모든 아이는 살면서 어떤 대상이나 목표를 향한 이러한 감정을 경험합니다.

열정은 여기서 다시 한번 더 고조된 감정입니다. 열정이라는 독일어에는 본디 '고뇌', '번민'이라는 의미가 담겨 있습니다. 하지만 열정은 고뇌가 아닌 기쁨과 몰입, 행동과 헌신을 불러일으킵니다. 열정은 아이의 삶에 날개를 달아주고, 또 산을 옮기게 할 수도 있습니다. 아이의 관심과 호기심의 싹을 자르지 않고 존중함으로써 아이가 자유롭게 열광할 수 있도록 허락하면, 또 아이가 감정을 억제하지 않고 마음껏 뛰어놀 수 있도록 용인하면, 성장하는 과정에서는 물론 어른이 되어서도 열광과 열정의 감정을 생생하게 유지할 수 있으며, 그로부터 삶의 동력을 끊임없이 공급받게 됩니다.

열광과 열정은 활동할 공간이 필요합니다. 고뇌는 우울함이 만연한 곳에서 생겨납니다. 고뇌는 열광과 열정을 쏟을 수 있는 대상을 금기시하거나 가치를 낮게 평가하며 멀리하게 하거나 빼앗아버릴 때 생겨납니다. 아홉 살 무렵 그레타는 여행하는 동안 우연히 본 카누에 열정이 생겨났습니다. 하지만 부모님은 이를 허튼 생각이라고 여기고 그레타의 감정을 진지하게 받아들이지 않았습니다. "아, 머지않아 또 그만둘 거야. 이미 한두 번도 아니고. 벌써 하다 그만둔 게 아주 많았잖아" 하고 부모님은 대수롭지 않게 취급했습니다. 하지만 딸의 열정은 하루살이가 아니었습니다. 그레타는 끈질기게 고집했고, 마침내 카누 선수가 될 수 있었습니다. 굉장히 기뻤고 열정적으로 카누를 탔습니다. 그사이에 열두 살이 되었고, 3년이나 걸렸습니다. 이렇게 3년에 걸쳐 그레타는 끈질기게 열정을 따랐고 마침내 열정을 펼칠 수 있었습니다.

아이에게서 나타나는 폭풍 같은 열광과 열정은 무서울 만큼 타오릅니다. 그러나 대개는 오래가지 않습니다. 그렇다고 해서 주의를 기울일 가치가 없을까요? 절대 그렇지 않습니다. 비록 그것이 부모에게 과한 유연성을 요구하거나, 또 실패에 따른 좌절이 있을 거라고 해도 말이죠.

사실 아이가 가지는 관심을 충족시킬 때면, 적지 않은 비용이 들기 때문에 형편을 고려해야 하고, 또 부모의 책임과도 직결되어 있으므로 결정하는 일이 단순하지만은 않습니다. 다만 비용과 관련된 합리적인 상황을 고려하면서도, 아이의 관심을 낮게 평가하거나 아이에게 끈기를 가지라는 식의 도덕적인 훈계는 적어도 피해야 합니다.

그리움

아이들은 '지금' 겪는 경험을 거리낌 없이 해맑게 표현할 줄 압니다. 아이들은 현재에 푹 빠져 몰두하며, 지금 있는 자리에서 이 순간을 즐깁니다. 이것이 아이다움의 기본적인 특성입니다. 그런데 '여기'와 '지금'에 충실히 사는 아이들에게는 지난 과거에 일어난 무언가에 대한 애틋함, 즉 그리움을 위한 자리도 있습니다. 실제로 이 감정은 아이의 인생에 아주 엄청난 영향을 끼치곤 합니다.

 이 힘을 이해하려면 먼저 '그리움'을 원하는 것, 즉 희망이나 소원과는 구별해야 합니다. 아이들이 희망 사항으로 열거하는 목록은 종종 깁니다. 어떤 소원은 이루어지기도 하고, 어떤 것은 그렇지 않기도 합니다. 크리스마스에 아이들이 건네는 희망 목록에만 이런 일이 있는 게 아니라 일상생활의 경험에서도 마찬가지입니다. **그리움은 소망하는 것보다 심오하고, 더 집요하고, 더 광범위합니다. 그리움은 힘이 닿지 않는 대상을 향합니다. 고대하는 목표를 이루기 위해서 아이들은 왕성한 활동을 펼칩니다.** 그러나 만약 이것이 불가능하거나 제한되면 아이들은 내적으로 기진맥진해집니다. 치료 과정에서 만난 아이들은 종종 과거에서 그리움을 찾곤 했습니다. 예를 들어, 과거를 회상했을 때 드러나는 "엄마는 나만 사랑했어요" 또는 "아빠는 여전히 우리랑 살아요"와 같은 과거를 향한 그리움은 아이들의 감정을 완전히 사로잡을 수 있고, 그들의 행동과 느낌을 결정할 수 있습니다. 과거를 향한 그리움은 대개는 이루어질 수 없다는 특징이 있습니다. 만약 아이가 이루어질 수 없는 것을 대면하게 되면 아이는 그리워했던 것에서 떨어지지 않으려 합니다. 이런 경우, 충족되지 않는 그리움은 자칫 우울감으로 변할 수 있고, 아이를 의기소침하게 만들 수 있습니다. 이렇게 되면 아이는 점점 내면의 세계로 물러나고 움츠러들며, 내적으로 좁혀지고 경직됩니다. 나중에는 치료의 도움이 필요한 상황으로 발전할 수도 있습니다. 따라서 가능한 한 이런 일들이 벌어지기 전에 아이들에게 도움을 줘야 합니다. 과거에 대한 그리움은 적어도 두 가지 감정적 해소, 즉 슬퍼하고 내려놓음으로써 그리움의 방향을 미래로 트는 일을 방해합니다. 3년 전에 가족을 떠난 아버지는 아무리 그리워해도 되돌아올 수 없습니다. '사실'은 놓아줘야 합니다. 아버지는 떠났고, 아이는 아버지를 다시 현실로 데려올 수 없습니다.

근본적인 방법은 아빠를 놓아주고 슬퍼해야 하는 것뿐입니다. 엄밀히 따지면 과거 가족들이 행복했던 시간을 그리워하는 것은 의미가 없고 비이성적입니다. 그러나 그리움이 논리적 측면에서 다른 감정들과 마찬가지로 비이성적이기는 하지만, 일관되고 의미는 있습니다. 아이가 느끼는 그리움을 이렇다 저렇다는 말로 논리적으로 평가하거나 설명할 수도 없고, 또 그렇게 해서도 안 됩니다. 오히려 아이의 그리움을 진지하게 받아들여주고, 아이가 그리움을 갖게 된 계기가 무엇이며, 그 그리움에 어떤 힘과 욕구가 숨어 있는지 알아내는 것이 훨씬 효과적입니다. '사라져버린' 아빠 때문에 아무 말도 하지 않고 의기소침해 있는 한 남자아이에게 '아빠와 무엇을 하고 싶었는지' 물었습니다. 그러자 아이는 이야기를 털어놓기 시작했습니다. 아이는 아빠랑 축구를 하거나, 여름에 아이스크림 가게에 가거나, 매주 토요일에 '스포츠 쇼'를 함께 보고 싶었다고 말했습니다. 아빠와 종종 싸움놀이를 했다는 얘기도 들려주었습니다. "아빠는 늑대였고 저는 사냥꾼이었어요. 제가 총을 잃어버리긴 했지만, 사냥꾼인 저는 힘이 셌어요. 그래서 늘 늑대를 이길 수 있었어요."

그리움을 구체화하면, 손에 넣을 수 있고 닿을 수 있습니다. 구체화하면 꿈은 힘의 범위 밖에 머물지 않고, 좀 더 가까워집니다. 이렇게 되면 아이는 어른들의 도움을 받아서 그리워해서는 안 되는 것과 그리워할 가치가 있는 것을 구별할 수 있게 됩니다. 아빠는 다시 오지 않습니다. 이 현실을 받아들이는 것은 슬픈 일입니다. 그리워한다고 해서 도움이 되는 것도 아닙니다. 따라서 이 아이에게 필요한 것은 자신과 함께 축구를 해줄 사람, 자기는 사냥꾼, 그 상대로서 늑대 역할을 맡아 놀아줄 사람, 또는 그 반대 역할을 맡아 함께 놀아줄 사람, 아이스크림을 먹으러 함께 가줄 사람, 아빠만큼은 아니어도 아빠가 그랬던 것처럼 사소한 것들을 함께할 수 있는 사람을 찾는 것이 도움이 됩니다. **그리움이 구체적으로 구별되면 슬픔을 말할 수 있고, 아픔은 생생해질 수 있습니다. 이렇게 되면 그리움 속에 숨어 있는 힘을 분출할 수 있게 됩니다.** 그리고 그리움의 크기에 비해 너무 소박했던 욕구가 충족될 수 있습니다.

미래로 향하는 아이의 그리움에는 인생에 대한 꿈과 에너지가 들어차 있습니다. 이 감정은 이 책에서 설명하는 여러 감정 가운데서도 특히 중요합니다. 우리가 주로 목격한 바에 따르면, 아이들의 그리움은 어른들이 갖는 그리움보다는 덜 복잡하고 그렇게 대단하지도 않습니다. 실제로 '단순한' 것처럼 보입니다. 다른 사람들과 대화를 나누고 싶은 그리움, 함께 점심을 먹고 싶은 그리움, 안기고 싶은 그리움, 보여주고 싶고 들려주고 싶은 그리움, 함께 놀고 싶은 그리움, 자신의 상대가 될 수 있는 적수와 힘을 겨뤄보고 싶은 그리움, 토요일 밤에 함께 영화를 보고 싶은 그리움, 반려동물을 가지고 싶은 그리움처럼 아이들의 그리움은 단순한 편에 속합니다.

열네 살 엘렌은 엄마랑 단둘이 삽니다. 아빠는 떠난 지 오래입니다. 엄마는 몸이 아프고 힘들어 버거워합니다. 엘렌은 집을 나가는 일이 잦습니다. 그렇다 보니 엘렌은 차라리 보호시설에서 살고 싶어 합니다. 하지만 엘렌이 엄마한테 매를 맞는 것도 아니고, 그렇다고 보호시설에 들어갈 수 있는 다른 이유가 있는 것도 아니어서 보호시설로 갈 수는 없습니다. 그런 엘렌에게 간절히 원하는 것이 무엇이냐고 물었더니, "냉장고 안에 항상 먹을 게 있었으면 좋겠고, 하루에 한 번은 따뜻한 요리를 엄마랑 함께 먹었으면 좋겠어요. 그리고 용돈을 받을 수 있으면 좋겠어요"라고 대답했습니다. 이렇게 단순합니다. 그런데 어떤 아이에게는 이 단순한 것이 매우 어려운 일입니다.

그리워하는 것이 무엇이냐는 질문에 아이들은 쉽게 대답하지 못합니다. 아이의 그리움은 희망 목록에 적히는 일이 드뭅니다. 하지만 아이가 직접 표현하지 않고 말하지 않는 조용한 그리움을 알아낼 수는 있습니다. 예를 들어 아이와의 놀이, 특히 역할 놀이를 통해 알아낼 수 있습니다. 다른 아이나 어른들, 인형, 동물, 또는 아이가 동일시할 수 있는 모든 동화나 만화 속에 나오는 영웅들과 역할 놀이를 할 때 자연스럽게 말하지 않았던 그리움을 털어놓곤 합니다. 이러한 놀이는 가능한 한 자연스럽고 자유롭게 해야 합니다. 놀이에는 뚜렷한 규칙이 없는 게 좋으며, 규칙이 있다면 가능한 한 적어야 합니다. 그러면 그리움의 실체가 드러나고, 아이는 놀이를 하듯 그리움을 마음껏 펼칩니다. 아이의 그리움이 움츠러들고 뒤로 물러나게 할 수는 있습니다. 하지만 아이의 그리움을 아예 침묵하게 만들 수는 없습니다. 아이들은 그리움을 숨길 수 있지만 실제로 사라지지는 않습니다. 아이들도 자신들의 그리움을 위해서 그들과 함께 놀이하고, 이때 나타난 그리움의 의미와 그리움에 대한 감각을 자세히 들여다보고, 귀 기울여 경청하고, 또 공감할 수 있는 어른들이 필요합니다. (물론, 그렇다고 해서 단지 이런 목적으로만 어른들이 필요한 것은 아닙니다.)

기쁨과 행복

 기쁨과 행복은 아이뿐 아니라 모두가 누려야 할 지극히 당연한 감정이므로, 이에 대해서는 말을 짧게 하려고 합니다. 다만 아이에게 행복과 기쁨의 감정을 주는 게 얼마나 중요한지는 잠시 언급해야 할 것 같습니다. 어른들이 자주 인용하는 '아이처럼 기뻐한다'라는 잘 알려진 관용구가 있습니다.

 이 관용구에서 기쁨에 '아이처럼'이라는 말이 붙어야 맥락이 와 닿는다는 건, 어쩌면 어른이 되면서 이러한 감정을 많이 잃고 있다는 사실을 방증하는 것이기도 합니다. 이 글을 쓰기 전날 밤 아이스크림을 파는 카페에서 네 살과 다섯 살짜리 자매들을 보았습니다. 두 자매가 휘핑크림이 올려진 아이스크림을 받던 그 순간에 보였던 모습, 그리고 처음 한입 베어 문 자매들의 표정은 결코 잊을 수 없습니다. 자매는 아이스크림 덕분에 행복해서 어쩔 줄을 몰라 온몸으로 기쁨을 표현했습니다. 자매의 얼굴은 환히 빛나고 반짝거렸습니다. 기뻐하는 두 자매 덕분에 덩달아 아이스크림 가게도 환히 밝아졌습니다. 가게 안 다른 사람들도 덩달아 기뻐했고, 행복해했습니다. 이렇게 겉으로 드러난 몇몇 모습만으로 행복과 기쁨을 어렵지 않게 읽어낼 수 있는 이유는 우리 내면에 자리한 연속적인 그림이 이미 자리하고 있기 때문입니다. 우리 기억 속에는 비슷한 장면이 담겨 있습니다. 언젠가 사랑하는 사람을 향해 두 팔 벌려 달려갔던 때, 기뻐서 번쩍 뜨인 큰 눈으로 세상을 바라보았을 때가 있었을 것입니다. **아이들의 기쁨과 행복은 직접적이며 자연스러운 감정입니다. 처방이 필요 없고, '단지' 안락한 환경, 사랑, 활동 공간만 있으면 됩니다.** 우리가 정의하는 행복한 아이는, 집에서 다양한 감정을 느끼고 그런 다양한 감정들을 표현할 수 있는, 또는 표현할 수 있었던 아이입니다.

이런 의미에서 행복한 아이로 키우는 지름길은, 아이에게 행복과 기쁨의 순간들을 더 많이 체험할 기회를 주고, 그 행복과 기쁨에 대해 아낌없이 표현할 수 있는 환경을 조성해주는 것입니다. 그리고 행복과 기쁨에 그림자를 드리우는 말과 행동, 행복과 기쁨의 감정을 죽게 하고 사라지게 만드는 말과 행동, 그리고 다른 어두운 감정으로 대체시켜버리는 말과 행동을 꺼내지 말아야 합니다. 아이들의 기쁨과 행복을 망치는 말과 행동에 대해서는 다음 장에서 다룰 것입니다.

공감과 예민함

아이들은 공감합니다. 잘, 그것도 진하게 공감합니다. 할아버지가 아파서 통증이 심해졌을 때 열여섯 살 스티브는 밤새도록 잠을 자지 못했습니다. 다른 문제로 치료받으러 왔던 스티브가 "할아버지와 똑같이 고통이 느껴지는 것 같았어요"라고 말했습니다. 비단 스티브뿐 아니라 일반적으로 모든 연령대의 아이들에게서 내적 공감 능력을 쉽게 확인할 수 있습니다. 이 같은 아이들의 공감 능력에는 두 가지 전제조건이 뒤따릅니다. 첫 번째 전제조건은 아이가 공감하는 사람, 또는 생명체를 가족이나 친구처럼 매우 친밀한 사이로 느껴야 한다는 점입니다. 그런데 아이들의 공감 능력은 한 번도 만난 적 없는 남이 곤경에 처했을 때로 확장됩니다. 예를 들어, 초등학교에 다니는 아이는 가난한 나라에 사는 또래 학생들이 의료 서비스는 물론, 교과서나 연필도 없고, 심지어 먹을 게 없어서 굶주리고 생명이 위험한 상황에 빠졌다는 이야기를 들을 때 남이 아닌 가까운 존재로 여기고 감정 이입하게 됩니다. 그러고는 그 공감을 실질적인 도움이나 연대의 행동으로 발전시키곤 합니다.

아이는 자신이 공감하는 사람이나 생명체를 매우 가깝게 여겨서 자신과 동일시할 수 있습니다. 만약 텔레비전의 리모컨을 이리저리 눌러 대다가 동물을 수송하는 과정에서 벌어지는 동물 학대 뉴스를 보았다면, 열 살짜리 아이도 채식주의자들을 이해할 수 있으며, 앞으로 채식주의자가 되겠다고 큰 소리로 선언할지 모릅니다. 그러고는 온 힘과 열정으로 다른 가족도 동참하도록 설득하려 할지도 모릅니다. 즉 이미 과거부터 친밀했거나 조금 전일지라도 친밀해진 관계라야 합니다.

두 번째 전제조건은 아이의 공감이 비웃음을 당하거나 부끄러운 것으로 여겨지게 해서는 안 된다는 점입니다. 하지만 이런 일은 현실 세계에서 지나치게 자주 일어납니다. 아이가 고통받는 생명체에게 감정 이입하거나 공감을 보일 때면, 어김없이 등장하는 어른들의 말이 있습니다. "그건 단지 한 마리 동물일 뿐이잖아", "그렇게 엄살 부리지

마", "그만! 그걸로 됐어." 이런 말들은 어쩌면 아이들이 어른들에게서 배우는 냉담함과 잔인함의 시작일지도 모릅니다. 공감하는 아이들에게는 수치심이 아닌 그 반대의 감정이 필요합니다. 즉 공감하는 행동에 대한 이해, 지지, 존중과 인정이 필요합니다.

모든 사람은 다른 생명체에 대해 공감할 수 있는 기본적인 감정 능력이 있습니다. 이미 뇌과학자들은 신경세포가 변화하는 과정에서 타인에 대해 공감할 수 있는 특정 물질을 만들어낸다는 사실을 밝혀낸 바 있습니다. 공감 능력이 얼마나 강하게 표현되느냐는 사람마다 다르며, 결정적으로 개인의 감수성에 달려 있습니다. 그런데 감수성이 예민한 아이들은 대개 그 능력을 인정받기보다 깎아내리는 말들을 먼저 듣습니다. 이를테면 "좀 예민하게 굴지 마", "울보", "약한 놈", "예민하게 굴긴. 네 일이나 잘해." 또는 이와 비슷한 말들입니다. 사실 아이가 느끼는 예민함에는 긍정적인 의미가 담겨 있습니다. 다른 사람이나 다른 것들에게 일어나는 미세한 것을 감지할 수 있는 아주 섬세한 안테나가 있다는 걸 의미하기 때문입니다. 그러나 유감스럽게도 감수성이 풍부한, 즉 예민한 아이는 다른 사람이나 다른 것들을 대하기에는 경계와 보호막이 비교적 얇습니다. 그 탓에 아이가 외부에서 오는 자극에 대항해 자신을 전혀 보호할 수 없다는 부작용이 더러 일어납니다. **눈물, 절망, 노여움과 같은 방식으로 반응하게 되고, 이 때**

문에 남들에게 비난받거나 비웃음을 사는 경우가 있습니다. 여기에 더해, 아이뿐만 아니라 어른들에게 듣게 되는 '민감하다'라거나 '예민하다'와 같은 말은 부정적 뒷맛이 있고, 자신의 가치가 비하되는 듯한 인상을 줍니다. 따라서 예민함, 혹은 민감함이라는 이 단어는 '섬세함'이라는 개념으로 재정의되어야 합니다. 우리의 경험상, 이 개념은 타인의 감정을 받아들이는 능력을 표현하는 데 매우 적합합니다.

예민함은 많은 아이에게 부담을 줄 수 있습니다. 부모와 교사는 그런 아이에게 기회를 주고 아이 스스로 자신을 보호할 수 있도록 도와야 합니다. 아이가 자신에게 지나치게 부담이 되는 것과 위험한 것에 맞서 대항할 수 있도록 지지하되, 이때는 가능한 한 관념적이지 않게 각각 아이의 능력에 따라 개별적이며 구체적인 방법을 선택해야 합니다. 그러나 본질적으로, 이 예민함은 공감할 수 있는 능력을 포함하므로 귀중한 재능이라는 점은 분명합니다.

우리는 기회가 있을 때마다 선천적으로 아이들이 공감할 줄 아는 존재라고 강조한 바 있습니다. 일부 독자들은 사춘기 시절 친구들에게 받았던 잔인한 상처의 기억을 떠올리며, 이 말에 쉽게 수긍하지 못할 수도 있습니다. 또 예민한 아이들이 그들 사회에서 상처를 입기 쉬운 대상이 될 수 있다고 반문할 수도 있습니다. 물론 그럴 수 있습니다. 사춘기 아이들은 서서히 미래의 어른으로 성장하는 과정을 겪지만, 여전히 자신들이 불완전한 존재라는 한계에 맞닥뜨립니다. 그런 불완전하다는 불안감을 감추기 위해 사춘기 아이들은 의도적으로 다른 사람들의 가치를 평가절하하며, 거칠게 표현하기도 합니다. 청소년기 아이들은 그 과정에서 서로 상처를 주고, 또 상처를 받습니다. 이는 어린아이들도 마찬가지입니다. 하지만 이는 조금 다른 측면의 이야기입니다.

흔히 '아이는 거짓말을 하지 않는다'라는 말이 있습니다. 아이가 상황에 걸맞게 전략적으로 매우 노련하게 처신한다면, 지나치게 일찍 철들어버린 것일 수 있습니다. 하지만 대개 아이들은 솔직합니다. 때로 아이들의 이러한 솔직함은 상당히 잔인한 면이 있습니다. 여기, 숙모한테서 선물을 잔뜩 받은 여자아이가 있습니다. 당연히 숙모는 선물을 받은 조카가 고마워할 것이라고 기대합니다. 어쩌면 그에 걸맞게 감사를 표현할 것이라고 기대합니다. 조카를 껴안고 뽀뽀를 해도 아이가 피하지 않을 것이라고 예상합니다. 하지만 이 같은 숙모의 기대와 달리 아이는 숙모를 밀쳐냅니다. 아이는 이런 게 싫을 수 있고, 이런저런 선물이 싫었을 수도 있습니다. 이런 상황에서라면 아이의 부모도 난처하지만, 당사자인 숙모의 당황스러움도 이만저만 아닙니다. 하지만 이런 예기치 못한 아이의 행동이 거칠고 날 것 그대로이기는 해도, 궁극적으로 자신의 감정 상태를 솔직하게 표현한 것일 뿐 다른 의도가 있는 것은 아닙니다. 아이들의 이러한 솔직함은 중간이 없습니다. 전략적으로 처신할 줄도 모릅니다. 그래서 그때그때 느끼는 솔직함을 그대로 표현할 수밖에 없습니다. 엄마가 아홉 살 딸에게 새 옷을 입혀주며 "자, 마음에 들어?"라고 물었습니다. 이랬을 때 아이가 "아니, 끔찍해"라고 솔직하게 대답하면, 아이가 '매정해' 보일 수 있습니다. 그런데 3년이나 4년 후 엄마가 딸에게 이와 똑같은 질문을 한다면, 아마도 딸은 다르게 대답할 것입니다. "응, 정말 예뻐, 근데 좀 짧게 만들었으면 좋겠어. 색깔도 좀 생각을 해봐야 할 것 같아. 그래야 외투랑 좀 어울릴 것 같아." 조금이나마 철이 든 딸은 자신이 솔직하게 대답하면 엄마가 상처받을 것이라는 사실을 정확히 알고 있습니다. 따라서 엄마의 기분이 상하지 않도록 완곡하게 에둘러 본인의 의사를 전하고, 전략적으로 처신합니다. 그보다 어린 아이들도 공감은 할 수 있지만, 자신의 솔직함이 다른 사람에게 상처를 줄 수 있다는 사실까지는 아직 잘 알지 못합니다. **아이들은 자신을 보호하는 일에만 몰두하고 자기가 입은 상처만 생각하느라 여념이 없습니다. 그렇다고 해서 아이가 공감하는 감정이 적다는 걸 의미하지 않습니다.** 단지 아이의 삶 속에 공감을 펼칠 수 있는 공간이 여전히 충분하지 않고, 아이들이 할 수 있는 표현의 유연성도 부족하다는 것을 의미합니다.

그러나 겉으로만 거칠고 난폭하게 느껴지는 게 아니라 실제로 난폭한 아이들도 분명히 있습니다. 이런 아이들은 다른 사람에게 상처를 주고, 말과 행동이 폭력적입니다. 그런데 꼭 집어 바로잡자면, 이런 아이들도 본래 난폭한 게 아니라, 살아오는 과정에서 상처받고 굴욕을 당하면서 거칠어진 것이라 보아야 합니다. 반복해서 말했듯이, 아이들의 이런 난폭한 행동과 태도는 항상 폭력적인 경험에서 비롯됩니다. 아이의 행동은 경험이라는 토대에서 탄생하고 자리 잡습니다. 모든 아이는 예외 없이 공감 능력을 갖추고 태어납니다. 본래부터 거친 행동을 가지고 태어난 아이는 없습니다. 아이의 거칠고 폭력적인 행동은 폭력적인 경험의 산물입니다. 또한, 거친 행동, 즉 폭력적인 행동이 꼭 매를 맞았거나 성폭력에 의해서만 생기는 것도 아닙니다. 보호 없이 버려지거나 아무도 거들떠보지 않은 환경을 경험했던 아이에게도 나타납니다. 때에 따라 다른 사람에게 가해지는 폭력적인 분위기를 경험했거나, 다른 사람이 던지는 시선, 언어, 행동으로 굴욕을 느꼈거나 멸시를 당했던 경험이 폭력적인 행동의 원인일 수도 있습니다. 이 같은 일들을 경험했거나 이러한 경험을 견딜 수 없이 힘들어하게 되면, 아이는 스스로 그러한 감정들을 아예 느끼지 못하게 차단합니다. 어떤 아이는 스스로 부서지고, 침묵합니다. 그리고는 자신이 가진 폭력적인 자극과 동인의 방향을 자기 자신에게로 돌립니다. 말하자면, 폭력에 맞서 대항하는 대상이 자기 자신이 되어버리는 것입니다.

반면에, 어떤 아이들은 폭발하는 데서 그치지 않고 자신이 직접 경험한 걸 다른 사람에게 가합니다. 자신이 경험했던 폭력을 다른 사람을 향해 거칠게 드러내고 폭력을 행사하게 되는 것입니다.

하지만 폭력을 경험했다고 해서 반드시 거칠고 난폭해지는 것은 아닙니다. 우리뿐 아니라 여러분도, 살면서 많은 폭력에 시달렸지만 자신이 경험한 대로 폭력을 행사하지 않고 가해자들과 다른 사람이 되려고 애쓰는 사람들을 많이 보았을 것입니다. 그러나 무언가가 파괴되고 망가져버려, 더는 이러한 싸움을 할 수 없는 사람들도 많습니다. 망가지고 부서진 것들은 다시 치유될 수 있을까요? 우리가 개인적으로 만난 지 오래된 아이들에게서 어렵지만, 종종 긍정적인 경험을 하기도 합니다. 적지 않은 아이들이 (사람들의 응원과 지지 속에서) 공감 능력을 새로 찾을 수 있었고, 또 이를 통해 상처가 완화되고 치유된 후, 공감 능력을 회복할 수 있었습니다. 그러나 우리 못지않게 아이들과 함께 많은 일을 해온 동료들은 다른 의견을 내기도 합니다. 때에 따라 아주 큰 노력을 기울이고 긴밀한 관계를 유지하며, 아이와 함께 꾸준히 치료 활동을 한다 해도, 부서진 것들이 치유되거나 파괴당한 아이의 공감 능력이 회복되는 일이 쉽지 않다는 사실을 지적합니다. 말하자면, 망가지고 부서진 것 중 많은 부분은 치유될 수 없다는 것입니다. 이 중 심각한 경우는 아이 자체가 파괴된 것일 수 있습니다. 누군가가 아이에게서 아이 자신과 다른 사람에 대한 감정과 공감 능력을 빼앗아간 것입니다. 이는 공감과 예민함이라는 감정이 능력으로서 합당한 가치를 인정받아야 하는 것은 물론, 과소평가되거나 훼손되지 말아야 할 가장 큰 이유이기도 합니다.

외로움

외로움은 아이가 이곳저곳을 다니며 시끄럽게 떠벌리는 감정은 아닙니다. 그런 이유로 엄마가 아이에게 "엄마, 외로워"라는 말을 듣는 일은 극히 드뭅니다. 외로움은 아이가 느끼는 어떤 감정 덩어리의 일부에 자리합니다. 대개는 숨어 있어서 밖으로 나타난 징후를 통해 이를 인식하기 어렵습니다. 아이가 외로움이라는 감정을 느낀다는 것은 친구가 없고, 다른 아이들과 함께 있는 일이 적다는 뜻입니다. 물론 그러한 조건에서도 외로움을 타지 않고, 오히려 마음을 가라앉히거나 자기 자신에게 집중하고 싶어서 자발적인 거리 두기를 하는 아이도 있습니다. 스포츠 동호회에서 활동하고 춤을 추러 가고 다른 사람들과 함께 시간을 보내지만, 가장 친한 친구가 다른 도시로 이사를 가버려서 외롭다고 울면서 잠이 드는 아이도 있습니다. 아이들은 다른 아이나 어른들과 접촉하고, 그들과 많은 것들을 함께할 수 있고, 많은 것에 대해 함께 이야기를 나눌 수 있습니다. 하지만 그리움의 실체는 아이의 마음을 진심으로 움직이게 하는 감정 그 자체에 있습니다. 따라서 그 감정에 대한 메아리가 없고 반향이 없을 때 외로움을 느낍니다. **외로움을 느끼느냐 아니냐 하는 문제의 본질은 사람들과 얼마나 자주 접촉하는지 빈도에 있지 않습니다. 그보다는 마음을 움직이는 것이 존재하느냐 아니면 함께하는 것에 대한 울림이나 반향이 없느냐에 달려 있습니다.**

대개 외로움은 울림이 없습니다. 하지만 외로움의 반향이나 울림이 인지되기도 합니다. 치료 과정에서 심하게 외로움에 시달리는 아이들을 만날 때가 있습니다. 이때 아이들의 외로움에서 느껴지는 메아리나 울림은 단순하지 않은 경우가 많습니다. 말하자면, 우리가 흔히 아이의 구체적인 표현이나 행동 방식에서 규정할 수 있는 외로움 그 이상이 내면화되어 있습니다. 바로 이런 점 때문에 부모들은 외로움에 시달리는 아이를 두고 큰 어려움을 겪습니다. 즉 외로움을 외로움으로 파악하기가 쉽지 않습니다. 내면화된 외로움은 다른 옷을 입고 나타나거나 다른 옷 뒤에 숨어서 나타나기 때문입니다. 이를테면 '포커페이스'를 한 채 단지 눈빛으로만 외로움의 신호를 보내는 식입니다. 게다가 외로움처럼 사랑받지 못하는 감정은 어른들한테 따뜻한 공감을 받는 일이 드뭅니다. 설령 공감을 받아도 극히 제한적입니다. 외로움은 눈에 보이지 않는 후광처럼 아이의 주변을 에워싸고 나타납니다. 이는 매우 강력한 감정으로 이미 오래전부터 존재했으며 쭉 지속했지만, 우리가 이를 인지하고 있는지 확신할 수 없습니다. 그나마 다행스러운 것은, 외로움은 질문해 살펴보고 찾아낼 수 있는 흔적을 남긴다는 점입니다.

열한 살 진은 더는 학교에 가지 않기 때문에 치료를 받으러 왔습니다. 왜 학교에 가지 않으려는지 이유를 말하지 않았고, 단지 몸서리치며 학교에 발을 들여놓는 것 자체를 거부했습니다. 말하자면, 강제로 등교해서 경험한 학교 첫날부터 상황은 이러했습니다. 진은 부모, 교사와 심리 치료사를 완전히 두 손 두 발을 들게 했습니다. 진은 치료실에 들어와 곧바로 구석에 있는 의자에 팔짱을 끼고 앉아서는 냉담하게 멍하니 있기만 했습니다. 치료사가 진과 이야기를 나누려고 시도했지만, 진은 아무런 말도 하지 않고 침묵했습니다. 치료사는 한마디도 듣지 못했지만, 진의 외로움과 체념을 '감지'했습니다. 상담사가 궁금하다는 듯 "너, 포기했구나. 그렇지?"라고 물었을 때 그제야 진은 첫 반응을 보였습니다. 고개를 끄덕인 것입니다.

아이가 외로워지기 시작하면 상징적인 행동으로 가까워지고 싶은 사람들의 이목을 끌려는 경향이 두드러집니다. 이를테면 '서쪽에서 해가 뜬 것처럼' 갑자기 아이가 부모님을 위해 아침 식사를 차리는 식입니다. 아이는 친구가 되고 싶은 같은 반 아이에게 축구선수 수집 사진을 한 장 교환하자고 제안합니다. 아이에게 그 사진은 '아무에게도 주고 싶지 않은' 가장 소중한 사진입니다. 유치원 아이는 지푸라기로 직접 만든 꽃을 선생님께 선물하기도 합니다. 그러나 이런 식의 표현은 유감스럽게도 제대로, 그러니까 의미에 걸맞게 전달되는 일이 드뭅니다. 아이는 이러한 노력의 결과를 실패한 것으로 받아들입니다. 어쩌면 한 번 더 또는 다시 한 번 시도할지도 모릅니다. 그러나 결국에는 단념하고 포기합니다. 포기는 외로움에 가까워지고, 외로움은 강화되고, 그 외로움을 무기력으로 대체시킵니다. '나는 혼자야. 아무도 내가 혼자라는 걸 몰라. 아무도 나를 도우려 하지 않아.'

이렇게 **외로움을 느낄 때면 아이에게 관심을 두고, 아이에게 이것저것 질문해 관심이 있다는 것을 드러냄으로써 도울 수 있습니다. 대화를 시도하려는 노력 자체가 때로 아이의 마음을 움직일 수 있고, 반응을 불러일으킬 수 있어서 매우 중요한 의미가 있습니다.** 이해심 가득한 시선이나 어깨를 짧게 쓰다듬는 행동도 도움이 될 수 있습니다.

적어도 외로움이 굳어지기 전에 먼저 어른들이 첫걸음을 떼야 합니다. 이 무렵, 진과 치료 과정에서 처음으로 교감이 이루어졌습니다. 처음으로 눈빛을 교환했고, 서로 얼굴을 바라보았습니다. 그런 다음에 치료사는 진의 나이였을 때 처음으로 자기가 가장 좋아하는 축구팀의 경기를 보러 갔었고, 어떻게 해서 축구에 관심을 두게 되었는지를 설명하면서 진과 이야기를 나누게 되었습니다.

아이가 외로움에 사로잡힐 때면 부모는 선뜻 아이에게 가까이 다가가지 못합니다. 그런 탓에 부모는 자신들이 먼저 다가가지 않고 아이가 먼저 시작해주기를 기대하는 경향이 있습니다. "아이에게 이야기를 해보자고 했지만, 아이가 하려고 하지 않아요. 마음을 꼭 닫고는 솔직하게 말을 안 해요." 여기서 알 수 있듯이, 대개 어른들은 아이가 느끼는 외로움이 너무 강하고 확고할 때, 아이가 더는 마음의 문을 열지 않는 것으로 여겨 아이가 먼저 대화를 시작할 때까지 기다려야 한다고 믿습니다. 즉 외로움을 느끼는 아이가 먼저 시작해야지 부모가 먼저 시작하기 어렵다는 말입니다. 그런데 단념이나 포기와 쌍을 이루는 외로움은 보이지 않는 고리처럼 아이의 주변에 채워져 있습니다. 이러한 고리는 내부에서는 더는 깨부술 수 없거나 깨부수기가 굉장히 어렵습니다. 따라서 아이는 외부의 도움이 필요합니다. 어쩌면 부모가 자신에 대해 이야기를 시작하는 것이 도움의 실마리가 될 수 있습니다. 아이가 자신의 감정에 대해 아무것도 말하지 않아서 당황해하고 곤욕스러워하는 부모들이 있습니다. 이때 우리는 "마지막으로 아이와 감정에 관해 이야기를 나눈 적이 언제였나요?"라고 묻곤 합니다. 이 질문을 단서 삼아 부모가 먼저 시작한다면, 아이들은 문을 엽니다. 어쩌면 기대했던 것보다 더 빨리 아이가 문을 열 것입니다.

함께 문을 열면 둘 사이를 연결하는 다리를 만들 수 있습니다. 아이와 함께 놀고, 산책하러 가고, 함께 시장에 가는 등, 이 모든 것으로 부모는 '엄마 아빠는 너를 진지하게 여긴다. 네게 관심이 있고, 네게 다가서기를 바라며, 그걸 위해 우리는 무언가를 할 준비가 되어 있다'라는 신호를 아이에게 전달할 수 있습니다. 한 사람이 너무나 깊은 외로움과 포기 상태에 빠져 있어서 두 사람이 서로 긴밀한 교감을 나눌 수 없다면, 제삼자를 통해 우회해야 하는 수도 있습니다. 어쩌면 컴퓨터를 이용해 발레나 다른 것에 관한 관심처럼 두 사람이 공통으로 연관된 점을 찾는다면 쉬울 수도 있습니다. 외로움을 느끼는 아이한테는 아이가 애정을 주고 관심을 쏟을 수 있는 동물도 도움이 될 수 있습니다. 아이는 동물에게서, 마음을 열고 가까이 다가오도록 허락하는 법을 배울 수 있습니다.

피로감

어른들은 온갖 일에 시달려 지칩니다. 일, 관계, 아이의 교육을 비롯한 모든 것을 잘 해내야 하는 책임감으로 부담을 느끼고 피로감을 느낍니다. 이때 우선 피로를 인지하고, 피로를 진지하게 받아들여야 합니다. 그래야 피로를 풀 수 있는 대안을 찾고 부담을 덜어낼 수 있습니다. 그런데 피로는 어른들의 전유물이 아닙니다. 아이들도 지치고 피곤해합니다. 아침마다 눈을 뜨고 일어날 때만 피곤한 것이 아닙니다. 아이들의 피로도 다양한 원인이 있습니다.

아이들도 많은 것을 해내야 합니다. 학교에서건 집에서건 배우고 공부해야 합니다. 심지어 젖먹이도 배우고, 또 배워야 합니다. 그들을 둘러싼 세상을 인지하기 위해 배워야 하고, 다른 사람들이 그들에게 원하는 것을 이해하기 위해 배워야 하고, 또 자신이 사람이나 세상에 대해 어떻게 반응해야 하는지를 배워야 합니다. 말하는 법을 배워야 하고, 자기 주변의 세상을 이해하는 법을 배워야 합니다. 다른 사람과의 접촉을 인지하고 관계를 형성하는 법도 배워야 합니다. 이러한 일은 아이들에게 매우 힘들고 피곤하게 느껴질 수 있습니다. 태어나고 자란 새로운 세상에서 잘 해낸다는 건 엄청나게 큰일입니다. 아이들은 이러한 큰일을 완수하고 싶어 합니다. 하지만 원하든 원하지 않든 아이들은 항상 '이것을 해야 한다. 저것을 해야 한다'라는 소리를 들어야 합니다. 사실상 너무 피곤해서 쉴 틈이 없습니다. 자신들이 피곤한 이유를 설명하거나 정당성을 입증할 틈도 없습니다. 그런데도 아이는 "네가 먹은 식탁을 아직 안 치웠잖아. 깨끗이 치워야 해. 그리고 숙제도 해야지"라는 말을 쉴 새 없이 듣게 됩니다. 발달 과정이 진행되는 동안 **아이 대부분은 어른들이 이미 오래전에 배운 것, 즉 '아직~ 피곤해도~ 견뎌야 해. 피곤할 틈이 없어'라고 스스로 압력을 가하고 피곤해도 아랑곳하지 않고 쉬지 않는 법을 배웁니다.**

십 대가 되면 때로는 도발하듯 내키지 않는다는 것을 겉으로 드러냅니다. 모든 말에 반항하며 피곤함을 표현하기도 합니다. 이러한 양상을 띠는 피곤과 피로는 매우 거친 행동으로 나타날 수도 있습니다. 이럴 때 부모는 당황하게 됩니다. 결국은 아이도 어른도 모두 피로하고 지치게 됩니다. 누구나 피로에 빠질 위험에 노출되어 있습니다. 피로는 포기와 체념의 감정에 가깝습니다. 아이들은 해야만 하는 것들이 강물처럼 마구마구 밀려올 때 피곤함을 느낍니다. 그러나 '제대로' 하려는 게 너무 많거나 부담이 되면 언젠가는 단념하거나 포기하는 일이 빈번해집니다.

아이들은 버겁게 느껴지는 일에 피곤할 수 있어야 하고, 피곤할 수 있으며, 또 피곤해도 됩니다. 무언가를 반드시 해내서 능력을 발휘하지 않아도 되는 공간과 시간이 필요합니다. 아무도 아이에게 무언가를 요구하지 않는 상황, 잠을 잘 수도, 만화책을 읽을 수도, 컴퓨터게임을 할 수도 있는 상황, 또는 해야만 한다는 압박이나 요구 없이 무언가를 할 수 있는 상황이 필요합니다. 그래야 아이는 다시 힘을 얻고, 활력과 생기를 되찾을 수 있습니다. 그건 어른도 마찬가지입니다.

어떤 아이들은 무언가를 해야 하는 공간과 시간에서 완전히 벗어나 뒤로 물러섭니다. 예를 들어, 파울은 자기 누나와 끊임없이 다퉈 피곤할 때면, 한동안 누나와 대화하지 않고 아예 누구와도 접촉하지 않으려고 합니다. 이런 식으로 파울은 휴식을 취할 수 있고, 또 피로에서 회복하는 데 도움을 얻습니다. 피로가 꼭 육체적인 현상만은 아니니다. 잠을 조금밖에 못 잤거나 심하게 운동했다면 육체적인 피로가 밀려옵니다. 하지만 아이도 사회적인 피로, 즉 '사람에 대한 피로'를 느낍니다. 아이도 다른 사람과의 특정한 관계, 또는 맺고 있는 관계의 질에서 피로를 느낄 수 있습니다. 이는 피로가 단지 신체에만 국한된 게 아니라 정신적으로도 피로감을 줄 수 있다는 것을 의미합니다. 말하자면, (아이들도 대부분 아주 잘 아는, 이를테면 이른바 '멘탈'이라고 불리는) 정서적으로 또는 지성적으로 항상 무언가를 해야 하거나 무언가에 반응해야 하며, 또 어떤 상황에 정서적, 지성적으로 항상 존재해야 한다는 사실이 아이에게 매우 고통스럽게 느껴진다는 것을 의미합니다. 이렇게 정서적으로 피로할 때는 우리가 치료 과정에서 만난 한 아이가 말했던 것처럼 '오직 멍 때리기', '아무런 공부도 안 하기', '무언가 이성적이지 않은 것을 하기'와 같은 여유를 허락해주는 것이 도움이 될 수 있습니다.

때로 아이가 만성적으로 지쳐 있을 수도 있습니다. 휴식을 취하려는 시도마저도 잘 되지 않고, 그게 도움이 되지 않는 때도 있습니다. 이럴 때 어른들은 지속해서 아이에게 부담을 주는 것이 무엇인지를 아이와 함께 알아내려고 해야 합니다. 그러면 아이가 말로 표현할 수 없는 부담들이 종종 숨겨져 있는 것을 발견할 수 있습니다. 예를 들어, 부모와의 끊임없는 갈등이 그중 하나일 수 있습니다. 아이는 부모가 자신을 더 자극할까 봐 두렵고, 심지어는 부모를 잃을까 봐 겁이 납니다. 부모와 갈등을 일으키고 싶지 않아서 아예 부모와 말을 하지 않기도 합니다. 또한, 다른 도시로 이사 간 친구 때문에 생긴 슬픔이 피로의 원인일 수도 있습니다. 어른들의 시각으로 볼 때는 그것들이 너무 사소해 보여서 피로를 일으키는 구체적인 도화선처럼 보이지 않을 수 있습니다.

따라서 아이의 본보기가 되는 부모의 역할이 중요합니다. **어른들은 대개 피로를 당연한 숙명으로 받아들인 채 드러내지 않고 피로에 맞서 싸우려고만 합니다. 하지만 부모를 보고 배우는 아이들에게 이런 모습은 오히려 다른 종류의 압박감이 될 수 있습니다.** 만약 아빠가 밤마다 컴퓨터 앞에 앉아 마무리하지 못한 회사 일을 한다고 해보죠. (어쩌면 일하는 척일 수도 있지만) 아이는 그런 아빠의 모습을 보고 숙제를 하는 대신에 '빈둥거리기'만 하는 자신이 무언가 잘못한 것 같아 양심의 가책을 받습니다. 이는 아이들이 느끼는 전형적인 감정입니다. 이럴 때면 어른이 먼저 자신이 느끼는 피로를 진지하게 받아들이고, 어떤 형태로든 솔직하게 알린다면 아이가 양심의 가책을 느끼지 않도록 할 수 있습니다. 그러나 때로는 어른이 처한 상황이나 여건이 절박해서, 또는 영혼이 지쳤지만 견딜 수밖에 없는 상황일 수도 있습니다. 이럴 때는 아이와 솔직하게 피로에 관해 이야기를 나누는 것이 필요합니다. 부모 자신들이 당장 바쁘고 피로한 구체적인 상황을 간단하게 설명하는 방식으로, 집안 내 피로한 분위기가 아이의 감정은 물론, 장기적으로 아이와의 관계를 훼손시키지 않도록 말해주는 것이 좋습니다. 그래야 아이는 피로와 피곤함을 동반하는 감정을 바이오 리듬처럼 삶의 주기로 이해하며, 일시적인 것으로 받아들입니다. 피로도 다른 감정과 마찬가지로 '올라갈 때와 내려갈 때'가 있다는 속성을 가진다는 점을 배울 수 있게 됩니다.

시기와 질투심

동생이 태어나 부모의 사랑을 빼앗겼다고 느끼면, 아이에게는 질투하고 시기하는 마음이 생겨납니다. 이는 아이들에게서 흔히 나타나는 정상적인 감정입니다. 그런데 아이의 관점에서 보면, 지금까지 혼자 독차지하던 엄마와 아빠의 사랑, 그리고 이밖에 다른 무언가도 실제로 잃어버리기는 합니다. 동생이 태어나면서 아이는 이제 더는 할아버지, 할머니, 삼촌과 이모가 환호하는 집안의 스타가 아닙니다. 오직 환호받는 경험만 했으므로, 아이로서는 예측할 수 없던 상황이 온 것입니다. 그래서 이 과정이 더 혼란스럽고 당황스럽게 느껴집니다. 아이는 지금껏 받았던 사랑과 애정이 완전히 사라질까 봐 두렵습니다. 때로는 절망스럽게, 그러나 항상 아주 집요하게 빼앗긴 것만 같은 사랑과 애정을 되찾으려고 사력을 다합니다. 하지만 이때의 사랑과 애정은 아이가 무언가를 한다고 뒤바뀔 수 있는 게 아닙니다. 따라서 대개 아이들은 사랑과 애정의 상실을 부차적인 것으로 감내하고 받아들입니다. 더구나 **아이가 느끼는 질투심은 동생과의 비교에서 나오는 것이 아닙니다. 무언가 중요한 것을 잃어버릴지 모른다는 상실의 위협에서 비롯된 감정입니다. 싸움의 감정, 어쩌면 그것을 잃어버릴지도 모른다는 내면에 존재하는 불안한 무언가를 위해 절망적으로 싸우는 감정입니다.**

나이 어린 동생을 향한 시기와 질투에 대처하는 조언들이 많습니다. 이를테면 동생의 탄생을 준비하는 과정에 아이가 함께할 수 있도록 끌어들이라는 식의 조언입니다. 인형이나 갓 태어난 동생에게 젖병을 물려보는 것처럼, 아이가 엄마의 역할 일부를 체험하도록 권하기도 합니다. 동생의 탄생과 그 준비 과정을 함께 체험하는 것은 적지 않은 의미가 있습니다. 여기에 특별히 반론을 제기할 생각은 없습니다. 다만 엄마의 역할과 아이의 역할을 동일시하도록 하는 건 별 도움이 되지 않습니다. 아이는 이러한 역할을 엄마의 시점이 아닌 자신의 시점에서 놀이하듯 수행할 뿐입니다. 아이가 엄마와 역할을 동일시한다고 해서 아이가 가졌던 기본적인 갈등, 즉 아이로서 온전히 사랑받고 싶은 욕구를 해결할 수 있는 것도 아닙니다. 게다가 아이의 질투와 시기는 이러한 체험과는 별개의 문제입니다. 이보다 질투와 시기를 본연의 감정으로 인정하고, 아이가 죄책감을 느끼지 않도록 해주는 것이 더 중요합니다.

이는 부모 자신도 마찬가지입니다. 앞서 말했듯이 아이의 시기와 질투는 정상적인 현상입니다. 오히려 아이가 시기와 질투를 전혀 하지 않는다면 그것이 더 큰 문제일 수 있습니다. 물론 동생이 태어났음에도 부모의 사랑과 애정이 안전하다고 확신해서, 시기와 질투가 필요 없다고 여겨서일 수도 있습니다. 그렇다면 이는 정말로 좋은 경우입니다. 그러나 부모의 사랑을 잃을지도 모른다는 감정이 너무 불안하고 두려워서일 수 있습니다. 또는 자신이 동생 다음 순위로 물러난 것에 대해 감히 반항조차 할 수 없을 정도로 체념해버렸는지도 모릅니다.

어떤 경우에든 동생이 태어날 때 아이는 여전히 부모에게 특별한 관심과 애정을 받는다는 증거가 필요합니다. 엄마와 아빠가 어린 동생과 똑같이 사랑한다고 말하는 것만으로는 충분하지 않습니다. 아이가 느낄 수 있도록 사랑과 관심을 보여주고, 확인해주고 입증해 보여야 합니다. 궁극적으로 아이는 이러한 부모의 사랑을 확인하기 위해 싸우는 것입니다. 아이를 사랑한다는 가장 중요한 증거는 아빠나 엄마가 태어난 동생 때문에 방해를 받지 않고 온전히 아이와 따로 특별한 시간을 같이 보내는 것입니다.

　좀 더 시간이 지나게 되면 상황이 뒤바뀔 수 있습니다. 이를테면 늦게 태어난 동생이 오히려 누나와 형을 질투하고 시기할 수도 있습니다. 누나와 형이 자기보다 더 사랑받고, 뭐든지 자신보다 잘하고, 항상 뭐든 잘 해내는 것 같은 인상을 받을 수 있습니다. 이처럼 뒤바뀐 상황에서도 부모는 앞에서처럼 똑같이 해야 합니다. 이제는 말과 행동으로 어린 동생에게 사랑과 애정의 표시를 확실히 보여주어야 할 필요가 있습니다.

　여기서 덧붙여야 할 중요한 대목이 하나 있습니다. **즉 부모가 원하는 대로 모든 걸 완벽하게 해낼 수 없다는 것입니다. 한 아이를 다른 아이처럼 똑같이 사랑한다는 걸 보여주려고 다양한 노력을 해도, 결국 실패할 수 있습니다.** 게다가 아이를 사랑한다는 걸 입증해야 한다는 강박감에 사로잡힐 수도 있습니다. 또한, 다른 가족들에게도 같은 부담을 안길 수도 있습니다. 흔히 똑같이 대하는 것을 공평함으로 여기고 이를 실천하려 노력하는 부모들이 많습니다. 하지만 이런 식의 해결법은 애초에 불가능합니다. 왜냐면, 아이들은 각자 다르고 마찬가지로 아이를 대하는 어른의 반응도 제각각일 수밖에 없기 때문입니다. 기계적으로 똑같이 대하는 것이 오히려 자연스럽지 않고 가식적으로 보일 수 있습니다. 시기와 질투를 막으려고 아이에게 똑같은 과자나 옷, 장난감을 주고, 또 아이와 함께하는 시간도 똑같이 나누는 것이 가능할까요? 형제자매 사이에 벌어질 수 있는 모든 시기와 질투를 막을 수 있을까요? 만약 이렇게 한다면 이는 아이 각각의 차이를 전혀 고려하지 말라고 가르치는 꼴이 됩니다. 이럴 때 아이의 관심사는 부모에게 받는 사랑과 부모와의 개별적인 관계가 아닌 비교로 향하게 됩니다. 부모와의 모든 경험을 똑같이 겪은 아이들은 아주 사소한 '차이가 있거나 조금이라도 무언가 다르기만 하면' 이것을 단박에 눈치챕니다. 이로써 사실상 부모가 모든 수단을 동원해 피하고자 했던 아이들 간의 시기와 질투를 오히려 조장하는 꼴이 됩니다.

시기와 질투가 형제자매 사이에서만 생겨나는 감정도 아닙니다. 시간과 장소를 불문하고, 갑자기, 천천히, 거의 아무도 모르게 시기와 질투가 생겨납니다. 이런 시기와 질투를 일으키는 계기는 매우 많습니다. 하지만 형제자매들 사이에서 발생하는 시기와 질투처럼 근본적으로 체험하는 과정은 비슷합니다. 즉 순위에서 뒤로 밀린 느낌이 드는 것입니다. 자기를 덜 보살펴주고, 덜 사랑한다고 느낍니다. 또 자신에게 관심이 없다고 느낍니다. 이러한 감정을 아이는 아이다운 방식으로 표현하지만, 어른들은 이를 제대로 받아들이지 않습니다. 게다가 아이의 표현 방식은 늘 그렇듯이 환영받지도 못합니다. 아이에게는 항상 사랑받는다는 확신과 온전함 그리고 특별한 애정이 필요합니다.

무라가 자주 하는 신체적인 행동은 어깨를 으쓱하는 것입니다. 무언가를 물어보면 습관적으로 어깨를 으쓱합니다. 혼자 앉아 있거나 길을 걸을 때도 어깨를 으쓱합니다. "어떻게 지냈어?"라고 물어도 반응은 똑같습니다. 어깨를 으쓱하는 무라의 습관적인 행동에는 '모르겠어요'라는 신호만 담겨 있지 않습니다. '소용없다'라는 자포자기의 표현이기도 합니다. 무라는 어깨를 으쓱하는 행동으로 단념이나 포기를 무의식적으로 드러냅니다.

    여섯 살 때 무라는 유치원 선생님이 장난감을 주어도 그 자리에서 손에 쥐고 놀지 않았습니다. 선생님이 장난감을 무라 가까이에 놓거나, 무라의 활동 반경 안에 내려놓았을 때만 장난감을 가지고 놀았습니다. 손을 내밀어 잡는 법을 '잊어버렸던' 것이죠. 선천적인 장애를 가지고 태어난 아이가 아니라면, 아이들은 손을 성큼 내밀어 무언가를 잡는 능력이 있습니다. 세상 밖으로 나온 아이들은 모두 엄마, 젖병, 흥미가 당기는 물건을 붙잡으려고 손을 내뻗습니다. 그런데 만약 붙잡으려고 해도 아무것도 손에 잡히지 않는다면 무슨 일이 일어날까요? 더욱이 그런 일이 한두 번이 아니라 여러 차례 반복된다면 무슨 일이 벌어질까요? 결론부터 말하자면, 아이에게 끔찍한 경험이 됩니다.

아이들은 자신의 신체만으로는 공허함을 경험할 수 없습니다. 실제로 사람의 몸은 무언가로 가득 채워져 있습니다. 다만 결핍된 욕구로써, 이를테면 배고픔과 비슷한, 무언가를 원하지만 채워지지 않을 때 공허함을 경험합니다. **공허함은 절대 비어 있는 것으로 경험하는 감정이 아닙니다. 아이들은 그들을 둘러싼 주변, 자기와 자기 몸을 둘러싼 주변 공간에서 공허함을 경험합니다.** 아무것도 없는 허공에 대고 무언가를 잡으려고 손을 뻗었을 때 공허함을 경험하게 됩니다. 이런 일이 단 한 번 또는 종종 드물게 일어난다면 별 영향은 없습니다. 하지만 원하는 것을 얻지 못하는 경험이 반복되면, 그리고 이 경험들이 쌓여 인생의 일부분이 되어버리면, 이는 아주 중요한 의미가 됩니다다. 견디기 어려운 심한 절망감을 느끼게 되고, 그 결과는 체념, 즉 포기라는 감정으로 이어집니다. 매번 손을 내밀어 잡아보려고 해도 허공을 향해 허우적거리는 느낌일 뿐이라, 나중에는 아예 손을 뻗으려고도 하지 않습니다. 그렇게 어깨가 경직됩니다. 손을 뻗어 잡고자 하는 욕구를 드러내지 못하고, 머뭇거리며 주저하기 때문에 어깨가 긴장됩니다. 반면에, 어떤 아이들은 마치 누군가가 강요라도 한 것처럼 보이는 모든 대상에게 손을 내뻗기도 합니다. 붙잡을 수 없고 또 붙잡고 싶지도 않으면서 아무런 사람이나 대상을 부여잡으려고 안절부절 손을 뻗는 것입니다. 그러다 꽉 붙잡히는 것이 없거나 소유할 수 있는 게 없을 때면, 어김없이 체념이라는 감정이 나타납니다. 허공을 향해 손을 내뻗어 무언가를 잡으려 하는 아이들의 행위는 단지 아무것도 없는 곳에서 무언가를 애타게 갈구하는 절망의 몸부림입니다. 아이들은 이러한 체념을 감정이나 기분으로 인식합니다. 말은 없고, 감정은 텅 비어 있는 상태입니다.

붙잡으려고 손을 내밀지만, 허공에 손을 내미는 것처럼 아무것도 잡히지 않은 경험이 공허함을 만들어냅니다. 외침 소리에 반응하지 않고, 쳐다보지 않는 시선도 이와 비슷한 효과가 있습니다. 이게 반복될 때 아이는 입을 다물어버립니다. 아이의 눈은 공허하고 텅 비게 됩니다. 그리고 아이의 주변은 항상 공허한 느낌으로 가득합니다.

꽤 오랫동안 이러한 곤경에 처해 있던 아이들에게, 그들이 원하는 것들을 잡을 수 있게 도우며 공허함을 채워주려 할 때 어떤 일이 일어날까요? 우리가 경험한 바에 따르면, 아이들은 처음에는 대부분 못 미더워합니다. 그들은 엄청나게 혼란스러워하며 회의적입니다. 너무 많은 절망적인 경험으로 만들어진 아이의 마음에는 이미 '내가 하고 싶은 건 다 할 수는 있어. 하지만 그래봤자 아무것도 되지 않아'라는 체념과 포기가 내면화되어 있습니다. 그런데 갑자기 누군가가 나타나서는 자포자기한 아이의 세계에 대해 의문을 제기한다면, 지금까지 당연하게 여겼던 것들이 뒤죽박죽되어버립니다. 이 모든 것이 아이에게 혼란과 불안, 의심과 두려움의 감정을 한꺼번에 일으킵니다. 갑작스럽게 다른 사람의 시선을 피하지 않고 똑바로 바라보게 되면, 또한 다른 사람의 손이 자신의 손에 맞닿게 되면, 아이는 다시 부끄러움이라는 감정을 느낍니다. 공허함과 포기라는 감정은 아이의 아주 중요하고 다양한 체험들을 옭아맵니다. 말하자면, 아이의 감정이 은밀함으로 뒤덮이는 것입니다. **공허함이 채워지지 않으면, 포기라는 장막이 드리워지고, 아이는 자기 자신을 부끄러워하기 시작합니다. 은밀한 내적 공간을 지키는 수호자인 부끄러움이 작동합니다.** 이때 치료사뿐 아니라 부모와 교사가 해야 할 일은 '아이의 손에 무언가가 쥐어졌다'는 사실을 일깨워주는 것으로, 이를테면 남들이 너를 관심 있게 바라보고 있으며, 네 말에 귀를 기울이고 있다는 식의 아이 자신에 관한 긍정적인 경험을 할 수 있도록 이끌어주는 것입니다. 그럴 때 비로소 아이는 공허함을 조금씩 채우기 위해 부끄러움을 뚫고 밖으로 나올 수 있습니다. 이때 어른들은 매우 조심스럽고, 신중하게 그리고 천천히 아이를 존중해주며 곁에 있어 주어야 합니다.

아이들을 너무 오냐오냐 키워서 버릇이 없어졌다고 걱정하는 어른들이 많습니다. 물론 부모가 처지를 고려하지 않으면서까지 아이들이 원하는 요구를 한도 끝도 없이 들어주는 상황은 옳지 않습니다. 우리의 경험으로 보면, 과보호도 공허함이 그런 것처럼 부정적인 영향을 끼칩니다. 그리고 공허함에서 벗어나도록 돕는다는 말이 아이들에게 지나치게 많은 것들을 욱여넣어야 한다는 의미도 아닙니다. 하지만 이런 측면을 모두 고려하더라도 우리가 치료 과정에서 목격한 바로는, 관심, 사랑, 평온함을 충분히 받으며 자랐고, 풍족한 생활환경에서 자랐던 아이들이 결핍된 환경에서 자랐던 아이들보다 삶에 대한 만족감도 더 높고, 좌절감에 대한 내구력이 크다는 점을 확인할 수 있었습니다. 극단적인 측면에서 보더라도, 최소한 더는 먹을 수 없을 만큼 '과식'한 아이들이 먹지 못해 결핍된 아이들보다는 낫다고 확신할 수 있었습니다. 이 주제는 자기 효능감과도 연결되는데, 다음 장에서는 이 내용을 다뤄보겠습니다.

자기 효능감

사람들은 누구나 자신이 영향력이 있다고 느낍니다. 달리 말하자면, 어떤 대상이나 사람에게 내 영향력이 미친다는 기본적인 감정을 갖습니다. 그러나 어느 순간 영향력이 없다는 감정을 느낄 때 비로소 자기 효능감이 지니는 의미를 뚜렷이 자각하게 됩니다.

아홉 살 빌은 "학교에서 제가 하고 싶은 건 뭐든 할 수 있어요. 그런데 차마 선생님한테는 다가가지 못하겠어요. 선생님이 저를 안 좋아해요. 선생님이 저를 무시하거든요"라고 말합니다. 빌은 아무리 애를 써보아도 돌아오는 것이 아무것도 없다고 느낍니다. 자신이 아는 단어만으로 이 감정을 충분히 설명할 수 없지만, 어쨌든 간에 자신에게 영향력이 없다고 느낍니다. 다른 아이들도 이와 비슷한 경험을 합니다. 아이들은 애를 쓰고 노력하지만 좌절합니다. 자기 효능감은 나로 인해 무언가 효과를 낼 수 있다는 감정입니다. 누군가에게 다다르고, 무언가를 변화시킬 수 있다는 감정입니다. 이미 말한 것처럼 사람들은 대부분 이런 감정을 갖고, 자신이 분명히 영향력을 끼칠 수 있다고 믿습니다. 그러나 이러한 감정이 사라지게 되면, 자의식과 자기 가치를 인식하는 데 큰 영향을 끼칩니다. "나는 가치가 없어요. 아무것도 할 수 없어요", "저는 무능해요. 아무것도 해내지 못해요." 아이가 자기 효능감의 감정을 상실하게 되면, 이는 단지 아이의 자기 가치에 대한 의식을 악화시킬 뿐만 아니라 자신의 모습인 자의식에도 깊이 각인됩니다.

그래서 아이가 자기 효능감을 지니도록 지원하는 것이 중요합니다. 이때 아이가 당면한 과제와 도전을 모두 면제해주거나 덜어주면 안 됩니다. 아이는 스스로 역할을 수행할 수 있으며, 이를 경험할 수 있는 공간을 찾아내야 합니다. 그 과정에서 아이는 자신에게 주어진 도전을 받아들이고 과제를 해결할 수 있습니다. 또한, 다른 사람과 도움을 주고받으며, 효과적인 방법을 터득하면서 자기 효능감을 갖출 수 있습니다. 그래서 아이를 혼자 내버려두기보다 다른 사람들과 함께 어울려 과제를 해결할 수 있도록 항상 지지와 격려가 필요합니다.

자기 효능감을 되찾거나 강화하는 일은 크게 두 영역에서 이루어질 수 있습니다. 무언가를 시도하고 성취하거나, 그림을 그리고, 음악 작품을 연주하고, 빵을 만들고, 식탁을 차리고, 방을 치울 때, 우리는 우리 자신이 쓸모 있다고 믿습니다. 또 무언가를 움직이고, 변화시키고 형성할 때 우리 자신이 쓸모 있다고 느낍니다. 마찬가지로 이는 아이에게 자기 효능감을 강화하고, 자신이 쓸모없다는 감정을 제거하는 가장 단순한 방법입니다. 단적으로 아이와 함께 자전거를 고치는 편이 대화를 나누는 것보다 더 효과적입니다. 무언가를 해내고, 다른 사람에게 지지를 받으면 자신이 쓸모 있다는 경험을 하게 됩니다.

다른 하나는 사람들과의 관계에서 찾을 수 있는 자기 효능감입니다. 선생님께 마음이 전달되지 않아 가까이 다가서지 못하거나, 부모님의 싸움을 막지 못해서 자신이 쓸모없다고 느낀다면, 그것은 항상 관계의 경험이자, 두 명 이상의 사람들 사이에서 발생하는 경험입니다. 어떤 대상이나 행동에 영향력을 미치고 있다는 관계의 경험은 매우 중요합니다. 사람과의 관계에서 쓸모없다거나 영향력이 없다는 감정이 심해졌다면, 자기 효능감을 되찾는 것만이 유일한 해법입니다. **무엇보다 아이가 다른 사람과의 관계에서 영향력이 있다는 것을 경험하게 해주는 것이 중요합니다. 이 말이 곧, 아이의 요구나 바람을 모**

두 들어주어야 한다거나 아이가 옳다고 해야 한다는 뜻이 아닙니다. 정확히 말하자면, 아이의 행동이나 요구가 무의미한 것이 되도록 두어서는 안 된다는 것입니다. 아이의 말과 요구를 귀담아 들어주고 진지하게 받아들여야 합니다. 아이의 요구를 들어줄 수 없을 때는, 존중하는 목소리로 아이에게 "아니"라고 말을 하고, 아이의 바람을 들어줄 수 없다고 거절해야 합니다. 그러면 아이가 그 순간만큼은 슬퍼하거나 화를 낼 수도 있습니다. 하지만 쓸모없다거나 스스로 영향력이 없다는 감정으로까지 발전하지는 않습니다. 아이의 바람이나 요구 따위는 전혀 상관없다는 듯 무시하면 쓸모없다는 감정이 생기게 됩니다. 따라서 아이가 부모와 좋은 관계를 형성하고 싶어 할 때, 부모는 아이를 진지하게 받아들이고 존중해주어야 합니다. 아이가 느끼는 감정이 와 닿는다면, 그게 무엇이든 우리가 그때 느끼는 슬픔, 분노, 걱정, 기쁨, 자부심을 아이에게 드러내고 표현해야 합니다. 이러한 과정들이 모여야 자신이 쓸모 있다는 감정, 즉 자기 효능감이 자연스럽게 생기게 됩니다.

상실감

지거나 잃었을 때 아이들은 다양한 태도를 드러냅니다. 세심한 부모라면 쉽게 감지할 수 있는 감정입니다. 어떤 아이는 절망하는 모습을 보이지만, 또 어떤 아이는 될 대로 되라는 식으로 자기와 아무런 상관없다는 태도를 보입니다. 무슨 일이 벌어지든, 사람들이 무엇을 하든, 사람들이 그에게 무엇을 권하든지 간에 전혀 상관없다는 태도입니다. 우리의 경험으로 보면, 이러한 태도는 확실히 나이가 어린 아이보다 청소년들에게서 더 많이 발견되지만, 그렇다고 그들이 갖는 상실감의 정도나 빈도를 보여주는 건 아닙니다. 지거나 잃어버리는, 상실의 감정이 각인된 아이들은 확실히 외로운 티를 냅니다. 아이 마음에 문을 연 부모라면, 충분히 인지할 수 있도록 아이는 신호를 보냅니다. 그 신호를 통해, 아이가 어떤 감정을 품고 있지만, 왜 말을 하지 않는지, 무엇을 말할 수 없는지를 어느 정도 감지하게 됩니다.

길을 잃었다고 느끼는 아이들은 실제로 무언가를 잃어버렸습니다. 바로 이 점을 이해하는 것이 중요합니다. 이들은 평온함, 혹은 평정심을 잃어버렸을 수 있습니다. 어쩌면 안전감, 또는 가족이나 다른 집단에 대한 소속감을 잃어버렸을 수도 있습니다. 또 자신과 다른 사람에 대한 믿음을 잃어버렸을지도 모릅니다. 종종 이런 경험은 "아무도 나를 돌보지 않아. 나를 이해하는 사람이 아무도 없어"라고 확신하는 것과 관련 있습니다. 다시 한번 말하지만, 길을 잃어버렸다고 느끼는 아이들은 실제로 무언가를 잃어버렸습니다. 이는 분명한 사실입니다. 다만 아이마다 잃어버린 것이 다를 뿐이죠.

지기 싫어하는 아이가 게임이나 운동 경기에서 졌을 때도 비슷한 감정이 나타납니다. 알렉사는 부모님, 여동생과 체스 두기를 좋아합니다. 그러다 어느 순간에 알렉사는 게임에서 지는 감정을 더는 주체하지 못합니다. 게임에서 질 때마다 분노해 울기 시작하고, 자리를 박차고 나간 일도 여러 번 있었습니다. 물론 알렉사 자신도 그렇게 행동하고 싶지 않았기에, 그런 행동 후에 자신이 창피스럽습니다. '모든' 게 알렉사의 통제에서 벗어난 일이죠. 부모님과 여동생은 알렉사의 이러한 감정을 도무지 이해하지 못합니다. 당사자인 알렉사 자신도 모르는 감정이니까요. 알렉사와 같은 아이, 게임에 졌을 때 그 감정을 주체하지 못하는 아이들은 분명히 무언가를 잃어버린 상태입니다. 따라서 무엇을 잃었는지 단서를 찾아야 아이를 도울 수 있습니다. 사실 알렉사의 경우에는, 정말로 사랑했던 열 살짜리 죽은 이복동생이 그 단서입니다. 알렉사는 그 슬픔을 나눌 수 없었습니다. 그녀의 이복동생은 '다른' 가족과 살았기 때문에 제대로 작별을 할 수 없었습니다. 알렉사의 부모는 오랫동안 아팠던 남동생의 임종을 못 보게 했고, 장례식에도 참석하지 못하게 했습니다. 제대로 된 작별 없이 남동생을 잃어버린 알렉사는 뒤죽박죽인 감정 상태로 홀로 남겨지게 된 것입니다. 그녀는 이를 계기로 제대로 슬퍼할 수 있는 감정을 잃어버렸습니다.

만약 아이들이 무언가 또는 누군가를 잃었다면, 제대로 슬퍼할 수 있어야 합니다. 이는 아이뿐 아니라 우리 모두에게 매우 중요합니다. 이미 서술했듯이 슬퍼하는 감정은 내려놓고 놓아주는 감정이자, 심리적으로 작별을 고하는 행위입니다. 아이가 게임에서 지거나 무언가를 잃어버렸을 때 감정 표현이 지나쳐 걱정된다면, 이런 단서를 찾아야 합니다. 아이가 정말 좋아했고, 의미를 두었던 대상에게 제대로 작별할 수 있도록 도와주고, 슬퍼하는 아이와 함께 있어 주는 것이 필요합니다. 무언가를 잃어버렸고, 잃어버렸다는 상실감을 느끼는 아이들을 외로움에서 벗어나도록 하고, 다시 다양한 감정의 세계에서 자신을 찾을 수 있도록 도와주는 것이 매우 중요합니다.

불안과 두려움

아이들은 두려워할 수 있어야 합니다. 사실 아이들이 체험하는 것 중 많은 것이 새로운 것들입니다. 그러니까 거의 매일 알지 못했던 것들을 만나곤 합니다. 새로운 도전을 한다는 것은 불확실성과 잠재적인 위험에 노출된다는 뜻이기도 합니다. 아직은 잘 알지 못하고, 맞닥뜨릴 경험이 당연한 것도 아닙니다. 삶으로, 세상으로 나아가려고 무언가를 하면서 내딛는 발걸음이 흔들리고, 때로는 딛고 있는 바닥에 넘어져 깨지기 쉽습니다. 이는 어린아이들뿐만 아니라 청소년들에게도 해당합니다. 물론 청소년들은 그들에게 주어진 환경이 두렵다고 순순히 고백하지 않습니다. 하지만 이들도 알지 못하는 불확실한 세계, 남자가 되고 여자가 되는 것, 또래 집단의 서열 다툼, 진학과 진로에 대한 고민, 앞으로의 인생에 관한 결정, 자신과 같은 또래 세대 내에서 사랑하고 사랑받기 등등 많은 길을 가야만 합니다. 이 모든 것은 두려움을 일으킵니다. **두려움이란 불확실한 것, 잠재적으로 위협이 될 수 있는 것들을 주의하라고 경고하며 우리 몸의 모든 기관이 제대로 작동하도록 동원하는 감정이므로, 아이들은 당연히 불안할 수밖에 없습니다.**

그래서 아이가 불안해하지 않고 무서워하지도 않는다면, 오히려 이것이 더 불안하고 무서운 일입니다. 더는 두려울 게 없고, 더는 잃을 게 없는 아이는 두려움과 무서움을 느끼는 법을 잃은 아이입니다. 아이의 이러한 태도는 아이가 살면서 겪어왔던 무시, 멸시와 가치를 깎아내리기와 같은 연속적인 결과물입니다. 두려움 때문에 그 밖의 수많은 다른 감정들이 휩쓸려 사라져버린 것입니다. 감정을 느끼지 못하는 냉담함, 즉 감정 결핍은 다음에 조금 더 상세히 다룰 것입니다.

어른들 사이에서 불안감은 적절하지 못한 감정으로 간주됩니다. 이러한 나쁜 인식은 아이가 느끼는 불안감에도 그대로 반영됩니다. 즉 아이들은 불안감의 실체가 없으니 무시해야 하고, 이겨내야 한다고 배우게 됩니다. 아이들이 자주 듣는 말 중 하나가 "전혀 두려워할 필요 없어"라는 말입니다. 아이는 입학 첫날이 즐겁지 않을 수 있습니다. 학교에 뭐가 기다리고 있을지 두려운 건 아주 평범하고 당연한 감정입니다. 마치 한 번도 들어보지 못한 소리와 한 번도 보지 못한 그림자놀이를 어린아이가 무서워하는 것처럼 당연한 일입니다. 아이는 그림자 뒤편에 무엇이 있는지 알지 못합니다. 하지만 아이가 자동차를 보고 깜짝 놀랐을 때, 불안감이라는 감정은 차로부터 아이 몸을 보호해주는 역할을 합니다. 그런 경험이 있고 나면, 아이는 도로를 건널 때 더 조심하고 주의를 기울이게 됩니다.

그런 이유로 아이의 불안감은 마땅히 존중받아야 합니다. 아이들은 "응, 당연히 불안해할 수 있어. 이해해"라는 말을 들어야 합니다. 만약 불안함의 가치를 깎아내려 무시하고, '불필요'하고, '쓸데없는' 감정이라고 규정하면, 아이들은 '내가 느끼는 불안감 자체가 잘못된 것이고, 내가 느끼는 감정이 잘못된 것이므로, 내가 잘못되었다'라고 인식할 수 있습니다. 아이라면 마땅히 불안감을 느껴도 된다는 인정이 필요합니다. 나아가 아이가 불안감을 다룰 수 있고, 불안감을 극복할 수 있도록 도와주어야 합니다. 불안감에 사로잡힌 아이를 돕는 가장 좋은 방법은 세 가지 요소로, 구체화하며, 함께하며, 믿어주는 것입니다.

아이의 불안감은 종종 불분명하고 파악하기 어려워서, 내면화되기도 더 커지기도 합니다. 구체화한다는 말은 두려움을 구별해 구체적으로 자세히 들여다본다는 뜻입니다. 어두운 밤이 되면 항상 불안해하는 아이가 있습니다. 대개 부모는 "여기에 아무것도 없어"라고 말합니다. 사실 이런 상황에서 어른들이 가장 먼저 떠올릴 수 있는 말이기도 합니다. 하지만 이 말은 그다지 도움이 되지 않습니다. 이럴 때라면 침대 옆에 앉아서, 무엇을 보았는지 아니면 무엇을 들었는지 물어보며 아이와 대화를 나누는 편이 훨씬 효과적입니다. 어쩌면 두려움을 일으키는 동물을 보았을 수 있고, 또는 낮게 윙윙거리는 소리를 들었을 수 있습니다. 그러면 부모는 "아, 이 검은 얼룩? 이건 달빛으로 생긴 그림자야"라던가 "윙윙거리는 소리는 보일러가 돌아가는 소리야"라고 구체화해서 설명할 수 있게 됩니다. 물론 이런 설명만으로 충분하지 않을 수 있습니다. 이럴 때는, 예를 들어 달빛으로 생긴 '나쁜 그림자'를 없앨 수 있도록 수면등과 같은 실질인 도구의 도움으로 해결할 수 있습니다. 아이가 입학을 불안해한다면, 아이와 함께 대화를 나누며 유치원에서부터 알던 어떤 친구들이 함께 학교에 가게 되는지를 말해주는 것이 도움이 됩니다. 또 선생님과의 첫 만남이 도움이 될 수 있고, 엄마와 함께 미리 학교를 방문하는 것도 도움 될 수 있습니다. 이처럼 구체적인 행동은 부모가 아이의 불안을 진지하게 받아들이고, 그 두려움을 구체화할 때만 가능합니다. "학교에 가면, 두려운 게 뭐야?"라고 물으면 다양한 대답을 들을 수 있습니다. 예를 들어 "선생님이 나를 좋아하지 않아", "학교에서 길을 헤맸어" 또는 "다른 아이들이 멍청해"처럼 대답에 따라 각각 다르게 도움을 주어야 합니다.

아이가 불안감을 느낄 때면 혼자 두지 말고, 함께해야 합니다. 예를 들어, 구체적인 질문과 함께 안아주는 행위처럼 구체적인 행동이 필요합니다. 두려움 속에 혼자 있다고 느끼면, 아이의 불안감은 커집니다. 두려움을 나누지 못하면, 언젠가는 자신이 느끼는 불안감을 더는 표현할 수조차 없게 됩니다. 그리고 구체적인 도움이 없으면, 불안감은 아이의 마음속에 깊이 둥지를 틀게 됩니다.

아이들은 또한 도전해 극복하고, 두려움을 뚫고 나아갈 수 있다는 믿음이 필요합니다. "넌 해낼 수 있어"와 같은 말이 의미가 있으려면 든든한 기반, 지탱할 수 있는 토대가 필요합니다. 그렇지 않으면 공허한 압박이 되고, 오히려 불안감을 만성화시킬 수 있습니다. 그 든든한 기반은 우리가 지금까지 언급했던 요소들에 있습니다. 즉 두려움을 극복하는 과정을 아이와 함께하고, 구체화해 물어보며, 아이가 가진 불안감을 진지하게 받아들이는 것입니다. 이는 흔히 어른들도 위험에 빠지거나 헛디뎌 더듬거리게 되는 어려운 산악등반과 비슷합니다. 아이의 불안감을 진지하게 받아들이고, 그것을 구체화해 아이와 함께해 주면, 아이는 두려움을 떨쳐내는 그림을 그리거나, 노래를 만들거나, 마법 주문을 만들거나 하는 행동 등으로 스스로 지켜낼 방법을 모색하고, 자신에게 그럴 힘이 있음을 깨닫게 됩니다. 간단히 말해, 두려움을 쫓는 데 도움이 되는 상징이나 의식을 만들어냄으로써 이겨낼 방법을 찾아냅니다.

아이가 불안감을 느낄 때 적절한 도움을 받을 수 있다는 사실을 알지 못하거나, 또는 트라우마와 같은 경험이나 다른 과도한 부담 때문에 두려움이 너무 커서 극복할 수 있는 능력을 넘어서면, 불안감은 아이의 마음 깊이 각인됩니다. 불안감을 안은 아이는 또 다른 불안감에 휩싸이게 됩니다. 같은 반 아이에게 맞은 도라는 그 탓에 혼자가 된 느낌이 들었고, 예전에는 제법 잘 타던 자전거도 이제는 두려워졌습니다. 또 어떤 아이는 어둠에 대한 두려움에서 시작해, 이제 다른 수많은 감정이나 삶의 표현에 불안감을 담게 되었습니다. 불확실하고 도전적이고 잠재적으로 위험한 일에 대한 구체적인 불안감이, 이제는 마음 곳곳에 항상 존재하게 된 것입니다.

불안감에 포함된 두 가지 상반된 측면은 구체적인 느낌이나 태도로 구별되고, 또한 뇌과학의 연구로 그 차이가 명백해졌습니다. 사실 불안감은, 우리가 살면서 즉흥적으로 행동하는 데 도움이 되는 감정의 광범위한 스펙트럼 안에 있습니다. 존재를 안전하게 하는 감정적 안전장치이기도 합니다. 이러한 안전장치는 우리 조상이 매머드, 스밀로돈과 싸웠던 원시 시대에 생겨난 것들입니다. 이 점에서 인간은 동물들과 공통점이 있습니다. 사람은 자신의 존재가 위협받는다고 느끼면 이 안전장치가 반응합니다. 이러한 긴급 안전장치는 생화학적인 어쩔 수 없는 과정에서 생겨난 자동적인 반응입니다. 감정적인 측면에서 이는 근원적인 불안감이죠.

근원적인 불안감을 안고 사는 아이에게는 안전하다는 믿음이 필요합니다. 아이가 안전감을 얻기 위해서는 먼저 위험으로부터 보호받고 안전해져야 합니다. 하지만 부모가 이 모든 걸 해낼 수는 없습니다. 이때는 전문적인 치료가 필요합니다.

아이의 근원적인 불안감이 심화하는 이유는, 폭력, 교통사고, 성폭행, 환영받지 못하는 존재로 여겨지는 등의 굉장히 위협적인 경험들 때문입니다. 예컨대 부모의 돌발적인 분노, 학교에서의 따돌림, 또는 부모의 지속적인 다툼 등 속수무책으로 아이에게 노출되는 위협이 반복될 때 두려움이 아이에게 고착됩니다. 이외에도 아이가 불안감 속에 홀로 내버려진 느낌을 받을 때도 마찬가지입니다. 아이가 위협을 느낄 때면 지지, 연대, 편들어주기와 위로가 필요합니다. 세 살이나 열세 살 아이 모두 다르지 않습니다. 어떤 이유에서든 간에 이러한 위로를 얻지 못하면 아이는 불안감에 사로잡히게 되고 맙니다. 구체적인 위협은 지속적인 불안감이 되고, 근본적으로 느껴지는 위협으로 인식합니다.

여기에 꼭 짚고 넘어가야 할 또 다른 형태의 불안감도 있습니다. 바로 전염된 불안감입니다. 가족이 함께하는 치료 중 부모의 어린 시절을 다루다 보면, 아이가 느끼는 불안감을 일으킨 단서가 부모에게서 발견되는 일이 많습니다. 모두에게서 그런 건 아니지만, 어렵지 않게 찾을 수 있습니다. 그래서 항상 아이뿐 아니라 부모가 느껴온 감정의 이력도 함께 추적합니다. 그럴 때면, 아이의 부모, 적어도 부모 중 한 사람이 매우 겁이 많거나 소심했으며, 적어도 일정 기간 과도한 두려움과 불안감에 노출된 채 살아왔다는 사실을 고백합니다. 대개 부모들은 자신들이 느끼는 불안감을 아이들에게 솔직하게 말하지 않습니다. 그러나 함께하는 공간에는 감추려 해도 기묘한 불안감이 감돌기 마련이고, 아이는 재빨리 그걸 감지할 수 있습니다. 안개처럼 불안감이 서린 분위기는 아이들에게 전염되고 어느 순간에 아이의 영혼에 깊이 자리 잡게 됩니다. "하교하고 집에 오면, 왜 그런지 모르지만, 항상 두려웠어요"라고 열네 살 소녀는 말합니다. 아이는 자신을 불안하게 만드는 일이 언제, 어디서 벌어졌는지 구체적인 시점과 구체적인 상황을 제대로 규정하지 못합니다. 이것이 전염된 불안감입니다. **이 불안감은 자기 자신의 경험, 부담, 위험에서 생긴 게 아닙니다. 다른 사람, 즉 부모에게서 아무도 모르는 사이에 아이에게 전염된 것입니다. 이럴 때 가장 먼저 해야 할 일은 이 불안감의 실체를 전염된 불안**

감으로 파악하는 것입니다. 이는 불안감의 근원을 찾을 수 있는 첫걸음이며, 매우 중요한 절차입니다. 전염된 불안감에 시달리는 아이도 이 불안감과 싸워 벗어나려고 시도하기는 합니다. 하지만 실체를 파악할 수 없어서 그 불안감을 떨치지 못하고 더 큰 불안감을 느낍니다. 급기야 실체를 알 수 없는 불안감을 이겨낼 수 없어서 자기 자신을 비난하기에 이릅니다. 따라서 원인 제공자인 부모의 실질적인 도움이 필요합니다. 불안감에 휩싸인 부모가 불안감의 실체에 대해 아이에게 솔직히 말하고, "이건 내 두려움이야. 넌 다른 감정이 있고, 넌 다른 감정을 가져도 돼"라고 설명할 수 있어야 합니다. 이같이 부모가 자신이 가진 불안감을 극복하려고 노력한다면, 아이에게 전염된 불안감도 사라지게 됩니다. 그러면 아이들은 전염된 불안감을 내려놓을 기회를 얻게 됩니다.

보호와 안전감

세 살 레아는 불안할 때면 엄마에게 쪼르르 달려갑니다. 낯선 사람이 현관문을 두드리거나 문밖에서 알 수 없는 소리가 들리면 소스라치게 놀라서 엄마에게 달려갑니다. 아이들은 태어날 때부터 보호받고 싶고 안전하다는 느낌이 필요합니다. 아이들은 자신들이 겪는 경험을 대체로 낯설고 위험한 것으로 여기므로 안전감이 들 때까지 시간이 걸립니다. 어린아이 때만이 아니라 청소년 때도 계속됩니다. 유치원에 들어가고, 친구 집을 방문하는 일에서 시작해, 학교에 가고, 동아리에 가입하는 것처럼 활동을 확대하며 낯선 경험을 이어갑니다. 낯설고 위험에 노출된 불안감은 시간이 지나면서 매번 다른 형태로 새로이 등장합니다. 하지만 보호받고자 하는 기본욕구는 시간이 지나도 그대로 유지됩니다.

낯선 감정을 느낀 어린아이들은 보호받고자 하는 욕구를 구체적으로 표현할 수 없습니다. 레아처럼 엄마에게 달라붙는 행동으로 보여주는 건 그 때문입니다. 하지만 제법 커진 아이들이라 할지라도 이에 관해 말로 구체화하는 일은 드뭅니다. 아이들은 멋진 척을 하고 싶어 하기 때문입니다. 큰 아이들은 자신이 무서워하고 있으며, 보호가 필요하다는 걸 내보이는 행위에 오히려 더 큰 부끄러움을 느낍니다. 즉 아이에게 보호가 필요한지 아닌지는 아이가 하는 표현만으로 알 수 없다는 말입니다. 그렇다면 부모는 보호가 필요한 아이를 위해 무엇을 할 수 있을까요?

무엇보다도 중요한 첫 번째 공식은 '인정'하는 것입니다. 작건 크건 아이는 보호받고 싶은 기본적인 욕구를 가졌다는 사실을 받아들여야 합니다. 동시에 이 보호받고 싶은 욕구가 매우 모순적이라는 점도 받아들여야 합니다. 이를테면 아이들은 보호가 필요할 때조차도, 다른 한편으로는 얽매이고 싶어 하지 않습니다. 아이들은 각각 다른 상황과 기질, 성향, 인격에 따른 취약성이 존재하기 때문에 보호가 필요하지만, 다른 한편으로는 다양한 모험을 즐기며, 무언가 하려는 용기를 가지고, 자기 스스로 결정하며 의식적으로 주도할 수 있다는 감정도 필요합니다. 게다가 부모가 생각하는 것보다 더 많은 보호가 필요할 수도 있고, 덜 필요할 수도 있습니다. 그런데 문제는 보호받고 싶은 욕구를 때로는 너무 많이, 때로는 너무 적게 드러낸다는 점입니다. 따라서 일관된 수준의 안전감을 주기 위해서는 아이의 민감성과 반응성에 의지할 수밖에 없습니다. 그러다 아이가 조금 더 커지면 보호 수준을 대화로 조절할 가능성이 커집니다. 요컨대, 부모는 취약한 아이를 보호해야 한다는 사실과 아이들이 경험하고 성장하는 데 자유로운 공간이 필요하다는 사실 사이에서 끊임없이 탐구하고 균형을 잡아야 한다는 말입니다.

두 번째 공식은 말 그대로 '지지'해주는 것입니다. 누구나 잘 알고 있듯이, 아이가 불행에 빠지지 않도록 보호하는 데 필요한 요소가 지지입니다. 하지만 여기서 말하는 지지는 아이 뒤에서 모든 것을 해결해준다는 말이 아니라, 뒤에서 돕는다는 뜻입니다. **"불안하고 두렵겠지만 할 수 있을 거야. 엄마가 도와줄게. 지금 학교에 가면, 모든 게 새롭고 불안하게 느껴진다는 거 잘 알아. 넌 할 수 있을 거야. 엄마가 항상 네 뒤에 있을게!"**

뒤에서 믿고 지켜준다는 말에서, 아이는 세상에서 마음껏 활약할 수 있게 보호받는다는 감정을 느낍니다. 안전감을 경험한 아이만이 안전감을 느낄 수 있고, 안전한 감정에서 스스로 가능성을 발전시킬 수 있습니다. 즉 '안전'은 세 번째의 공식입니다.

마지막 네 번째 공식은 '경청'입니다. 제대로 들어준다는 것은 단지 아이에게 문제가 생겼을 때만이 아니라, 부모가 항상 아이를 주의 깊게 살펴볼 것이며 관심을 가질 것이라는 무언의 약속입니다. 아이가 불안해할 때, 새로운 환경에 처할 때, 도움이 필요할 때면, 언제든 아이의 목소리에 귀 기울일 준비가 되어 있다는 걸 말해야 합니다. 모든 아이는 나이와 개별적인 민감성에 따라 각기 적합한 보호를 받을 권리가 있습니다. 아이가 모든 것을 말해야 하는 것은 아니지만, 모든 것을 할 수 있어야 하고, 해도 됩니다. 아이들에게는 "너에게 모든 걸 물어보고 싶어. 하지만 대답할지 안 할지는 네가 결정해"라고 말을 한다면 좋습니다.

염려와 신뢰감

우리가 경험한 바로는, 다른 사람 혹은 자신을 염려하는 마음은 다양한 감정 가운데 그리 좋게만 인식되는 감정은 아닙니다. 부모가 아이를 걱정하거나 염려한다고 말하면, 이는 종종 과보호하는 듯한 인상을 주기도 합니다. 이를테면 '헬리콥터 부모'를 떠올리게 합니다. 흔히 '돌봄'이라는 단어를 쓸 때도 종종 다른 뉘앙스가 담기기도 합니다. 아이들을 대상으로 한 공공 영역에서 '돌봄'이라는 말은 부모가 아이의 복지를 위해 그 의무를 다하지 못할 때 제공되는 서비스쯤으로 느껴지기도 합니다. 하지만 곰곰이 생각해보면 '돌봄'은 이런 나쁜 명성에 어울리지 않는 말입니다. 한 아이를 염려해 돌보는 것은 바른 일입니다. 그리고 걱정하고 돌보는 마음은 부모다운 감정이자 행동 표현입니다. 좋은 부모는 아이가 아프거나 곤경에 처했을 때, 또한 또래 집단에서 아이가 적응하지 못하거나 잘 지내지 못하는 징후가 느껴질 때 아이를 염려합니다. 아이가 부모에게 어떤 존재인지 안다면 너무나 당연한 일입니다. 그런 측면에서 우리는, 부모가 아이를 염려해 돌보고, 또 부모가 아이를 돌보는 일을 가능한 한 겉으로 드러낼 것을 권합니다.

  아이도 다르지 않습니다. 아이도 염려하고 돌보고 싶어 합니다. 할머니가 아프면 손자와 손녀가 걱정하며 자신이 할 수 있는 최선의 행동이 무엇인지 찾으려 합니다. 엄마가 울면 아들도 딸도 걱정합니다. 친구가 사고를 당했을 때도 염려하고 다친 친구를 위해 무언가를 하려고 나섭니다. 공감, 감사, 사랑은 아이들에게서 발견할 수 있는 아주 전형적인 감정입니다. 아이들은 세상 다른 사람들의 일에 무감하지 않고, 걱정하고, 도와주고, 보호하고 싶어 합니다.

  부모는 아이를 염려하고 보살핀다는 사실을 실천하고 보여주어야 합니다. 또한, 아이를 염려하고 있다는 사실을 아이에게 말해야 합니다. 이 말은 아이에게 안전감을 느끼게 하고 든든한 버팀목 역할을 해주기 때문입니다. 이때 믿음을 반복해서 표현하는 게 중요합니다. 이때의 믿음은 부모가 아이를 신뢰할 때 아이가 상황을 제대로 이겨낼 수 있을 거라는 믿음입니다. 이런 믿음은 상호적입니다. 자신을 믿어 준다고 느끼고 그 믿음이 남용되지 않으면, 아이 또한 부모를 믿고 따르게 됩니다. 그러면 아이는 부모가 자기 자신을 염려해주고 보살피는 것을 온전히 받아들이고, 삶의 문제에 맞닥뜨렸을 때 부모의 통제에 의지하는 것이 꼭 나쁜 것만은 아니라는 사실을 배우게 됩니다(이는 우리가 모든 아이에게서 보고 싶은 평온함의 다른 이름입니다). 이처럼 염려와 믿음은 동전의 양면으로 자리합니다.

어떤 사람들은 염려와 돌봄을 과보호가 연상되는 '헬리콥터 부모'나 하는 짓이라고 깎아내리기도 합니다. 그런데 이는 아이에게 자율성이라는 공간을 내주지 않고, (가능하다면) 처음부터 100% 철저하게 위험이 존재하지 않는 무균실에서 아이를 완벽히 보호하겠다는 일부 부모들의 양육 태도에서 기인합니다. 이러한 의도는 성공하지 못할뿐더러 장기적으로 볼 때 오히려 아이를 의존적으로 만들게 됩니다. 위험을 무릅쓰지 못하면, 넘어졌을 때 다시 일어나는 법을 결코 배울 수 없습니다. 하지만 그렇다 하더라도, 부모를 포함한 가까운 사람들로부터 충분한 염려와 돌봄을 경험하지 못한 아이들은 곤경에 처했을 때 혼자 해야 한다고 믿고, 자신 이외에 믿을 사람이 아무도 없다고 믿게 된다는 사실 또한 이해해야 합니다.

따라서 보살핌을 제대로 경험하지 못한 아이를 돕는 최선책은 세상과 자신에 대한 믿음을 다시 키울 수 있도록 도와주는 것입니다. **그 방법은 아이가 해낼 수 있도록 긴 호흡으로 기다려주고, 진심으로 믿어주며, 섬세하게 대하는, 말하자면 가장 이상적인 의미에서의 염려와 돌봄입니다.** 모두가 우려하는 과보호는 신뢰 속에서 자연스럽게 교정할 수 있습니다. 부모가 아이를 걱정할 수 있고, 걱정해야 하며, 믿음을 보낸다는 사실을 아이에게 일깨워주어야 합니다. 이 모든 감정을 경험하면, 아이는 걱정과 믿음이라는 두 감정을 제대로 펼칠 수 있게 됩니다.

무감정

다른 아이들은 에릭을 '좀비'라고 부릅니다. 이 별명은 다른 아이들이 생각하는 것보다 훨씬 더 에릭한테 어울립니다. 에릭은 세상의 거의 모든 것에 대해 신경을 쓰지 않습니다. 세상일이 마냥 무덤덤하게 느껴집니다. 심지어 선생님이 다른 친구들 앞에서 자신을 야단치거나 아이들이 수군거려도 에릭은 어깨만 으쓱할 뿐입니다. 지난밤 아빠한테 또 맞아서 시퍼렇게 멍이 들었지만, 학교에 와서 "괜찮아. 별거 아냐"라고 웃어넘깁니다. 에릭의 이런 무감함은 다른 아이들과 달리 확실히 별스럽습니다. 더욱이 에릭은 이 같은 별스러움을 즐기는 듯한 인상마저 듭니다. 그저 놀랍고 신기하다는 듯 쳐다보는 다른 친구들의 시선을 그리 나쁘지 않게 여깁니다. 이렇게 행동한다고 해서 아이들 사이에서 대장 노릇을 하는 건 아니지만, 감히 그 누구도 건드릴 수 없는 존재가 된 것만 같은 느낌이 듭니다. 친구들은 이미, 에릭에게 적어도 넘지 말아야 할 선이 없고, 그가 누구에게든 무슨 짓을 할지 모른다고 여기기 때문입니다.

공포영화에서, 살았는데 죽은 그러니까 '죽지 않는' 존재를 좀비로 표현합니다. 에릭의 마음속에는 무언가가 죽어 있습니다. 적어도 감정의 일부가 없는 감정, 즉 무감정으로 바뀐 상태로 보입니다. 그런데 이 무감정도 정서적인 태도를 결정하는 감정입니다. 물론 에릭의 모든 감정이 무감정 상태로 놓이게 된 것은 아닙니다. 우리는 흔히 무감정이라는 절대적인 감정을 일부 어른들에게서 목격하곤 합니다. 다행히 아이의 경우에는 무감정이라는 감정이 이미 경계를 벗어났거나 다른 감정들을 모두 대체한 상태는 아닙니다. 이는 아이의 인생 단계가 아직은 너무 짧거나, 아이들의 활동성이 너무 크기 때문일 수도 있습니다.

에릭에게 보이는 무감정은 다른 아이들과 마찬가지로 특정한 경험을 정서적으로 더는 참을 수 없어서 생긴 감정입니다. 그가 네 살 때부터 엄마는 아빠의 구타를 피해 도망 다니곤 했습니다. 하지만 에릭은 아빠를 존경했고, 아빠의 모든 것을 용서했습니다. 절망한 엄마는 병이 들어 에릭을 보살필 수 없었고, 그런 엄마에게 배신당하고 버려진 느낌이 들었습니다. 에릭은 아빠의 곁에 남아, 엄마를 '나쁜 년'이라고 욕하는 아빠의 증오에 찬 말을 거의 매일 들어야 했습니다. 아빠는 에릭 곁에 남아 있는 유일한 혈육입니다. 그리고 이 사람은 반복적으로 그를 때립니다. 한편으로는 아빠를 사랑하지만, 다른 한편으로는 아빠에게 분노하고 무력감을 느낍니다. 이 같은 사랑과 분노라는 이율배반적 갈등을 에릭은 혼자서 해결할 수 없습니다. 그래서 에릭은 이 모든 감정을 무감정이라는 감정으로 '바꿔버린' 것입니다.

무감정은 신체적 또는 정신적으로 무너지는 상태에서 벗어나려는 아이들에게 나타나는 감정입니다. 이러한 무감정은 때로 반복적인 신체적 폭력 외에도 아이가 외롭거나 위로받지 못한 슬픔의 경험에서 비롯되기도 합니다. 그것은 성폭력일 수 있고, 은밀한 내면이 상처받아서일 수 있습니다. 또한, 보호받지 못했던 반복적인 자포자기의 경험일 수도 있습니다. 하지만 결과는 극적일 수 있습니다. 그런 경험을 한 아이는 자신과 타인에 맞서 거칠게 굽니다. 그러고는 자신과 타인에 대한 연민을 거듭니다. 어떤 아이는 자극을 위해 자기 자신에게 상처를 주기도 하고, 또 어떤 아이는 다른 사람에게 상처 주기도 하며, 또 동물을 괴롭히기도 합니다.

원칙적으로 무감정은 느낌 그 자체로 이해되어야 하지, 나약한 성격이나 공격성으로 이해되어서는 안 됩니다. 실제로 아이도 무감정을 자신의 나약한 성격이나 공격성으로 오해하지 않습니다. 하지만 치료의 도움 없이 방치되면 정상적인 인격 발달 과정에 이를 수 없어서 난폭한 성격으로 발전하는 경우가 많습니다. 그러면 무감정의 결과는 통제하기 어렵고 상처를 주는 공격성이 빈번해집니다. 이미 이때쯤 되면 아이의 마음에는 '자비'가 사라지게 됩니다.

무감정이라는 감정이 확인되면 벌어진 일에 대한 단서와 그런 일을 일으킨 원인을 찾을 길이 열립니다. 무감정 상태의 아이가 무감정을 털어버리고 극복할 수 있는 길은 치료입니다. 이 치료 과정에서 가장 중요한 핵심은 잃어버린 감정, 즉 다른 사람에 대한 연민을 회복하는 것입니다. 자신에게 무슨 일이 벌어졌는지 그리고 자신과 다른 사람에게 어떤 결과를 줄 수 있는지 정확히 이해시켜주고, 알려주는 거울이 아이에게 필요합니다. 인내심과 따뜻함도 마찬가지입니다. 무감정에서 벗어나는 과정은 그들을 그런 감정으로 이끌었던 고통과 아픔을 다시 마주하는 것이기 때문입니다. 이 과정에서 아이는 이번에는 지난번과는 달리 혼자가 아니고 위로하고 도와주는 어른이 곁에 함께 있다는 사실을 느낄 수 있어야 합니다.

안정감

아이는 평온한 상태가 유지되는 안정감을 중요하게 여깁니다. 안정감을 느끼지 못하면 아이는 지탱하고 있는 내적인 발판을 잃어버리고 삶의 리듬을 잃어버리며, 자기 신뢰와 자존감도 잃어버립니다.

아이가 안정감을 느낄 수 있으려면 밑받침되는 신뢰가 필요합니다. 부모는 아이를 위해 항상 주변에 있어야 하고, 아이를 떠나지 않겠다는 약속을 지켜야 합니다. 그래야 아이가 믿습니다. 아이와 보내는 시간의 양이 중요한 것은 아닙니다. 아이와 시간을 함께 보낼 때 온전히 아이를 위해 있는 것이 중요합니다. 그리고 약속을 지킬 수 없는 여의치 않은 상황에서는 진심으로 이해를 구해야 합니다. 아이들은 정서적, 감정적인 면에서 매우 영리합니다. 아이들은 누군가가 진심으로 대하는지 아니면 그런 척하는지를 단박에 눈치챕니다. 어른들이 솔직하게 대하는지 아니면 '거짓'으로 또는 전략적으로 대하는지를 느낄 수 있습니다.

아이들의 안정감에는 나름의 규칙과 의식적인 절차가 필요합니다. 잠자기, 식사하기, TV 보기, 산책하기 등 반복되는 아이의 모든 활동은, 놀이하듯이 재능을 맘껏 펼치며 인생이라는 탐험을 떠날 수 있게 하는 토대가 됩니다. 아이가 할 수 있는 것과 해서는 안 되는 규칙도 여기에 해당합니다. 물론 예외가 있을 수 있지만, 규칙은 신뢰할 수 있는 규칙이어야만 합니다. 그러면 아이는 자신이 무엇을 지켜야 하는지, 또 무엇을 지키지 않았는지를 이해합니다. 말하자면 강요가 없는 규칙, 자율성이 허용된 규칙이 필요합니다.

의식적으로 반복되는 활동의 중요성은 아이들의 시간 체험에서 더 두드러집니다. 아이들의 시간 체험은 순환적이고 반복적입니다. 계절의 순환, 유치원이나 학교에서의 주 단위 반복, 주말, 휴일과 생일의 순환, 아침에 일어나는 습관처럼 모든 것이 항상 반복됩니다. '분 단위의 정확한 시간' 같은 엄밀함을 신뢰로 경험하는 것이 아니라, 반복되는 환경 속에서 시간을 체험하고 생체 리듬을 형성하는 법을 배우는 것입니다. 아이가 나이를 먹으면 발달 과정에서 다시 신뢰할 수 있는 의식을 새로이 만들어야 할 때가 옵니다. 이러한 시간 체험은 또 다른 안정감을 뒷받침할 수 있는 것이라야 합니다. 사춘기에 이르면, 아이의 시간 체험은 어른들처럼 앞을 향해, 즉 미래를 향하기 시작합니다. 또 아이의 시간 체험은 의도, 계획과 기대를 향합니다. 이때 변경과 전환이 어려울 수 있습니다. 아이의 자아는 아직 확실하지 않고, 견고하지도 않으며, 새로운 시간 체험을 위한 기반이 온전하지 않기 때문입니다.

안정감은 따뜻함도 뒷받침되어야 합니다. 사랑받고, 적어도 다른 사람이 자신을 좋아한다는 느낌, 따뜻한 분위기, 호의적인 시선, 가치를 인정하는 말 등은 아이를 덮어주는 따뜻한 담요 역할을 합니다. 그 안에서 아이는 안정감을 느끼게 됩니다.

안정감은 마찬가지로 신뢰와 보호도 뒷받침되어야 합니다. 배신당한 느낌이 들거나 두려움 속에 홀로 내버려지면, 또한 창피를 당하거나 속수무책인 상황에서 도움을 전혀 받지 못한다면 안정감이 생겨나지 않습니다. 믿음을 해치는 모든 것들은 안정감이라는 감정을 소멸시킵니다. 신뢰를 지탱해주는 모든 것은 안정감을 촉진하고 그와 더불어 자신감이라는 기반이 형성될 수 있도록 합니다.

정체성

아이의 실수는 지극히 자연스러운 일입니다. 자란다는 것은 다른 사람을 모방하거나 또 자신만의 무언가를 만들려는 시도 사이를 오가는 시행착오의 지속적인 실험입니다. 따라서 아이가 실수를 지적받는 일은 아이에게 그리 나쁜 일도 아닐뿐더러, 오히려 필요한 일입니다. 하지만 그 지적에는 애정이 담겨 있어야 하고, 적어도 아이를 존중하면서 객관적이어야 합니다. 또 상황에 맞게 아이의 실수를 지적해야 합니다.

실수를 지적하는 목소리가 거칠고, 비난, 경멸, 무시가 담긴 말투라면 지적은 아이에게 처벌로 느껴집니다. 더욱이 "넌, 왜 그렇게 매번 덤벙거려?"처럼 반복적인 암시가 덧붙여지면, 실수한 내용을 이해하는 대신에 두려움이라는 감정에 위축됩니다. 아이는 자기 자신을 하는 일마다 실수를 저지르는 '실수투성이'에, 잘하는 것 없는 사람으로 여깁니다. 자신이 하는 모든 일이 잘못된 것이고, 그것을 자기 정체성이라 믿으며, 활력 있게 삶을 살아가는 법을 이미 잊은 지 오래인 '노인'처럼 체념하게 되는 것입니다.

아이가 느끼는 자아상과 자신의 위상에 대한 경험도 부정적이지만, 더 치명적인 것이 있습니다. '내가 잘못됐어'라는 감정이 그것입니다. **아이는 자신의 태도나 행동을 '실수'로 체험하는 것이 아니라, '실수하는 사람'으로 체험합니다. 실수하는 것이 그의 정체성이 되는 것입니다.** 그 안에서 자존감은 깊은 상처를 받습니다. 어른들은 이 같은 어린 시절에 겪은 체험을 '망가지고 파괴된 것 같았다'라고 표현하곤 합니다.

체험에서 생기는 이러한 확신은 갑자기 일어나지 않습니다. 또 타고난 것도 아닙니다. 이는 혼자만 겉도는 느낌, 버려진 느낌 같은 체험이 매우 깊이 각인되었을 때 생깁니다. 받아들여지지 않는 사람은 언제나 낯선 이방인입니다. 누군가에게 받아들여지지 않으면 그 사람은 존재를 잃어버린 것이나 다름없습니다. 제대로 된 사람이라는 말을 듣지도, 보지도, 느끼지도 못한 사람은 언젠가 자기 자신이 잘못되었다고 느끼게 됩니다.

가끔 자신이 태어날 때 뒤바뀐 게 아닌가 의심하는 아이들이 있습니다. 이 아이들은 지금 함께 사는 부모가 자신의 친부모가 아닐 것이라 말하곤 합니다. 어떤 아이들은 아예 입을 다물어버리고, 어떤 아이들은 공격적으로 변합니다. 대개 이런 아이들은 항상 외롭고 어찌할 바 몰라 무력감에 빠져 있습니다. 이 아이들은 자신이 무언가 잘못되었다고 느낍니다. 예를 들어, 어떤 남자아이는 부모님이 정작 원했던 아이가 자기 같은 남자아이가 아닌 여자아이였다고 생각하기도 합니다. 또 어떤 여자아이는 그 반대로 여기기도 합니다. 치료를 위해 만난 어떤 성인 여성은 어렸을 때까지만 해도 모든 것이 '올바르게' 느껴졌다고 말합니다. 하지만 사춘기 무렵, 그러니까 소녀에서 여자로 뚜렷이 변모해가던 때에 이르러서 자신이 무언가 잘못된 존재라는 느낌이 들었다고 합니다. 그러고는 그때부터 '원래 항상 있던 듯한' 그 느낌이 자신의 정체성에 깊이 각인되기 시작했다고 고백합니다.

'잘못된 존재'라는 느낌, '원래' 가족의 일원이 아니었다는 식의 이야기는 아동문학에 자주 등장하는 단골 소재입니다. 예를 들어, 어느 한 가족에 남자아이가 있는데 이 아이는 부모와 형에게 일상적으로 괴롭힘을 당합니다. 아이가 뭘 하든 가족 모두 잘못했다고 지적합니다. 아이는 자신이 무언가 잘못되었다고 느낍니다. 그러고는 다른 부모를 꿈꾸기 시작합니다. 이때 갑자기 무뚝뚝해 보이지만 인정 많아 보이는 한 요정이 나타납니다. "이 사람들은 네 가족이 아니야. 네 부모님이 돌아가셔서 널 잠시 여기에 맡긴 거야. 네 부모님은 매우 특별하신 분들이셔. 그리고 너도 특별해"라는 말을 들려줍니다. 끝내 양부모는 벌을 받고, 아이를 괴롭히던 '형'도 역시 마찬가지로 벌을 받습니다. 요정은 가족에게서 아이를 구해줍니다. 그리고 아이에게 새로운 옷을 입히고, 선물도 사주고, 다른 곳으로 데리고 갑니다. 그곳에서 친구들을 만나고 모험을 합니다. 그리고 그는 영웅이 됩니다. 이 아이에 관한 이야기에서 특이한 점은, 그가 지금까지 있었던 가족 품에서 벗어나 다른 가족으로 가는 게 아닙니다. 아이는 다른 세계, 마법의 세계로 갑니다. 그 아이의 이름은 다름 아닌 '해리 포터'입니다. 그의 이야기는 자기가 무언가 잘못되었다고 느끼고, 아무도 자신을 구해주지 않는다고 여기는 수많은 남자아이와 여자아이가 꾸는 꿈입니다.

궁극적으로 해리 포터를 도운 건 무엇이었을까요? 지금 올바른 장소에 있고, 올바른 존재라는 느낌입니다. 그에게 친구들이 생깁니다(물론 그와 더불어 적도 생겼습니다). 또 매우 의미 있는 역할이 생깁니다. 학교에서 다양한 마법을 배우고, 선을 위해 악당을 물리쳐야 합니다. 그에게 새로운 인생 이야기가 펼쳐집니다. 부모님이 돌아가셔서 슬프기는 하지만, 아들에게 남긴 부모님의 깊은 사랑이 있습니다. 이제 그의 인생에서 그가 있어야 할 그의 원래 자리에 돌아와 있고, '올바른' 존재라는 사실을 매번 느낄 수 있습니다. 자신에게 무언가 잘못되었다고 느끼는 거의 모든 아이가 어쩌면 해리 포터에게 벌어진 일과 같은 것을 원할지도 모릅니다.

아이들이 스스로 제대로 된, 올바른 존재라고 느낄 수 있으려면 호의, 호감, 온기, 있는 그대로의 존재 인정, 사랑, 그리고 우리가 지금까지 이 책에 다룬 모든 감정을 위한 공간이 필요합니다. 이런 것들에서 안정감이라는 씨앗이 자라납니다. 그로써 모든 아이가 가지고 있는, 자신이 올바른 존재, 제대로 된 존재가 되길 바라는 기본욕구가 채워지게 됩니다.

자존감

자존감을 한 가지 이미지로 표현하자면, 수많은 경험과 감정의 실로 연결된 복잡한 그물망입니다. 이 그물망 안에는 자기 존중, 자신감과 자의식 같은 인간으로서 아이가 자기 존엄의 가치를 느낄 수 있게 만드는 모든 것이 엮여 있습니다. 자존감은 정말 '중요한' 주제입니다. 이 책에서 다룬 다른 감정들과 관련된 자존감에 관한 몇 가지 사항은 반드시 이해해야 합니다.

아이가 스스로 가치 있는 존재라고 여긴다면, 아이는 앞으로 당면할 수많은 도전을 당당하게 마주할 수 있고, 다른 사람들 앞에서 자기 자신을 자신감 있게 드러낼 수 있습니다. 그러나 그렇지 않다면 아이는 사람과의 만남을 끊고 뒤로 물러나 고통스러워합니다. 그렇다면 부모와 교육자는 아이가 자존감이 부족해서 힘들어한다는 사실을 어떻게 알 수 있을까요?

대개 이러한 아이들은 부끄럼을 많이 타고, 쉽게 믿지 않고, 의심스러워하는 모습을 보입니다. 이들은 자기 자신이 무언가를 할 수 있을 거라고 믿지 않습니다. 또 남들 앞에 나서고, 다른 사람을 가까이하는 것도 두려워합니다. 이 같은 방식으로 이들은 다른 사람에게 거절당하거나 또는 거절당했다는 느낌을 안 받으려고 합니다. 하나의 예로, 어떤 아이는 거절당하지 않기 위해 처음부터 아예 다른 아이들과 함께 놀려고 하지 않습니다. 처음부터 다른 아이와 놀지 않으면 거절당할 일도 없다고 여기기 때문입니다. 자존감이 낮은 아이는 좌절에 대한 내구력이 낮습니다. 다른 아이들보다 거부되거나 실패했을 때 눈에 띄게 힘들어합니다. 또 어떤 아이는 끊임없이 물어보면서 자신의 관심과 인정을 확인받고자 해서 어른들을 지나치게 '성가시게' 하기도 합니다. 이러한 행동들은 자존감이 현저히 부족한 데서 오는 것으로, 아이가 원래 원했던 것과 정반대의 상황을 만들어냅니다. 즉 인정 대신에 부정적인 거부 반응을 얻게 되고, 다시 자존감이 떨어지는 악순환을 경험합니다. 이러한 아이 중 일부는 주어진 과제나 도전이 너무 두려워서 합리적인 수준 이상으로 어른에게 지나치게 매달리는 경향도 보입니다.

하지만 이러한 난관에도 자존감이 부족한 아이도 분명히 성공을 거둘 수 있고, 또 다른 도전을 잘 해낼 수 있습니다. 다만 성공의 기반이 튼튼하지 않고 흔들거립니다. 그래서 **성공의 기준을 상대적인 것으로만 여기는데, 어떤 아이들은 자신의 성공을 뽐내고 과시하는 것에 집중합니다. 얼핏 이 아이들은 자존감이 높은 것처럼 보이지만 실은 그렇지 않습니다.** 이들은 그렇게 함으로써 인정을 받고, 내면의 두려움과 수줍음을 감추려고 한 것일 뿐입니다. 이런 식으로 그런 척만 하면 내적으로 무너집니다. 토대가 없고 지속적이지 않기 때문입니다. 아이가 이런 식으로 가치평가와 인정을 받는 데에만 애를 쓰면 쓸수록 반대의 결과가 나옵니다. 아이 자신도 상처를 받고, 다른 아이도 상대의 자존감이 진짜가 아니라 허상이라는 것을 알아채게 됩니다.

자존감이 부족하다면 겉으로 어떻게 나타나든 원인은 한 가지입니다. 다른 사람과의 경험에서 영향을 받은 것입니다. 아이의 자존감은 자기 자신을 기반으로 발달하는 것이 아닙니다. 특히 부모와의 관계 경험에서 발달하는 경우가 대부분입니다. 물론 천성적으로 다른 사람에 비해 수줍어하는 성격을 가진 사람들도 있습니다. 하지만 여기서 다루고자 하는 것은 수줍음의 정도 차이가 아닙니다. 핵심은 아이가 인격적인 측면에서 좋은 자존감을 발달시킬 수 있느냐 여부입니다. 아이에게는 다른 사람, 특히 부모나 교사의 가치평가가 절대적으로 필요합니다. 이러한 가치평가는 관심과 솔직한 피드백에서 나타납니다. 아이들이 수행한 행위의 결과를 어른들이 모두 좋게 판단해야 한다는 말은 아닙니다. 아이에게 '진실'을 알려주라는 말입니다. 만약 아이가 무언가를 해냈고, 영향력을 끼치는 긍정적인 경험을 해냈다면, 다른 사람이 이를 거울에 비친 것처럼 사실대로 보여줄 필요가 있습니다. 말하자면, 다른 사람들의 말과 목소리 톤, 시선으로 제공하는 솔직한 피드백과 인정이 필요합니다.

그리고 아이가 무언가를 해낼 수 있다고 믿어주는 것이 다른 무엇보다 필요합니다. 이러한 믿음을 받을 때 아이는 진짜로 해냅니다.

Part II

아이의 감정과 마주하기

느낌은 감정이란 이름으로
뇌에 기록된다

아이는 감정이 아직 발달하지 않은 상태로 태어납니다. 느끼는 것도 배워야 합니다. 아이가 감정에 고통받지 않도록 도우려면 아이의 감정 세계가 어떻게 생기고, 경험과 과정이 어떤 역할을 하는지 아는 것이 중요합니다.

 정서적인 삶, 즉 감정이 충만한 삶은 어떻게 발달할까요? 세상에서 살아가는 데 도움이 되는 감정은 무엇일까요? 단단히 굳어버린 감정(혹은, 경직된 태도)을 어떻게 바꿀 수 있을까요? 지난 세기 뇌과학 분야는 이런 중요한 질문에 대해 흥미롭고 도움이 될 법한 대답을 내놓았습니다. 과거 뇌과학자들은 정지된 상황에서만 뇌를 촬영할 수 있었기에 자료가 턱없이 부족했습니다. 하지만 지금은 거미를 두려워하는 사람이 거미 사진을 볼 때 또는 사랑하는 사람의 사진을 볼 때처럼, 인간의 뇌에서 어떤 일이 벌어지는지를 연속된 영상을 통해 뚜렷하게 볼 수 있게 되었습니다.

이렇게 연구된 지식 중 일부를 소개합니다. 우리가 아이들의 감정에 관해 설명한 배경을 소개하고, 아이가 자기 자신의 감정을 다룰 때 필요한 것이 무엇인지 알아보기 위함입니다.

- 첫 번째 중요한 발견은, 이성과 감정이 각각 개별적으로 작동될 거라는 아주 오래전부터의 믿음이 잘못된 것이라는 사실입니다. 뇌에서 벌어지는 모든 과정에서 감정은 매우 중요한 역할을 합니다. 이는 정보를 받아들이는 인식에서부터 시작됩니다.

사람들은 이성보다 훨씬 더 많은 감각에 의존해 정보를 인식합니다. 그런데 이때 다양한 감각으로 인지한 정보들이 여과되지 않고 뇌에 무분별하게 흡수되면, 짧은 시간 안에 정신적으로 무너지게 됩니다. 따라서 뇌는 감각으로 무분별하게 정보를 인식하는 것에 개입합니다.

뇌는 두 가지 기준, 즉 새로운 정보인지 중요한 정보인지를 기준으로 묻고 선택합니다. 우선 새로운 정보인지 익숙한 정보인지를 따져 새로운 정보일 때 기억에 의지합니다. 그리고 정보가 중요한지 아닌지를 따져 중요한 정보일 때 감정을 관장하는 대뇌변연계(Limbic system) 시스템을 작동합니다. 예를 들어, 냄새가 대표적입니다. 아이가 치즈를 보고 구역질했다면, 아이가 우선순위로 인지한 것은 치즈 냄새입니다. 생후 몇 주가 지나면 젖먹이도 엄마의 옷에서 나는 냄새와 다른 사람의 옷에서 나는 냄새를 구별할 수 있습니다. 대뇌변연계 시스템은 이러한 냄새를 다른 정보보다 '중요'하다고 판단해 온기와 사랑으로 인식하는 감정을 만들어냅니다. 물론 뇌에 있는 개별적인 부분이 이 시스템을 실행하는 것은 아니며, 인간의 모든 기관이 대뇌변연계 시스템을 보좌합니다.

● 감각을 인지할 때든 뇌가 다른 활동을 할 때든 뇌는 항상 무엇이 중요하고 그렇지 않은지 평가하며, 대뇌변연계 시스템에 묻습니다. 이때 감정은 평가의 한 형태로 작용합니다. 특히 정보의 중요성 여부를 빨리 처리해야 할 때, 감

정은 승인과 거절을 재빨리 결정합니다. 감정은 무조건반사로 나타나 즉흥적으로 행동하게 합니다. 가까이 다가오는 트럭 소리를 들어 두려움의 감정을 느끼면, 아이는 길을 건너기 전에 뒤로 주춤거립니다. 반대로, 사랑하는 할머니를 보면 생각할 것도 없이 기뻐서 할머니에게 팔을 내밉니다. 낯선 음식에 구역질이 나면 아이는 음식을 도로 뱉거나 아예 먹기를 거부합니다. 무언가에 화가 나면 그러한 상황을 세상에서 제거해버리려 합니다. 감정은 행동을 일으키며, 세상을 평가하고, 가야 할 방향을 정합니다.

적어도 감정은 즉흥적이고 빠른 결정을 할 때 중요한 역할을 합니다. 하지만 오랫동안 기억과 이성의 영역으로만 인식되던 신중한 판단의 영역에서도 감정이 큰 역할을 한다는 사실이 밝혀졌습니다. 뇌과학 연구 결과에 따르면, 이 모든 사실이 실험과 증거로 입증되었습니다. 풍부하고 다양한 감정이 아이가 세상에서 살아가는 데 얼마나 큰 도움이 되는지 잘 보여주는 대목입니다.

● 느낌의 경험은 뇌에 저장됩니다. 아이가 슬픔과 위로를 경험하면 뇌는 이것을 감정으로 저장합니다. 그래서 다시

슬픈 일이 일어날 때 이 경험을 꺼내어 활용합니다. 뇌는 항상 배웁니다. 슬픔에 아이가 혼자 방치되거나, 심지어 '울보'라고 손가락질하거나 비웃으면 뇌는 이 경험도 감정으로 기억합니다. 그러고는 정서적으로 거리를 두고 뒷걸음치게 합니다. 이러한 경험이 빈번해지고 극심해질수록 아이의 감정을 다루는 방식에 더 큰 영향을 미치게 됩니다. 만약 아이가 이러한 나쁜 경험으로 경직되고 고통스러워한다면 가르침이 필요한 게 아니고, 치료를 포함한 삶의 다른 영역에서 새로운 감정을 다룰 수 있는 경험이 필요합니다.

● 아빠가 회사 일로 분을 삭이거나, 부모가 사소한 일에 서로 비난하며 화를 내거나, 오빠가 여동생을 비웃고 수치심을 주거나 하는 일들이 반복되면, 아이는 앞에서 일어난 이러한 일을 거울삼아 학습하게 됩니다. 뇌는 항상 배웁니다. 아이는 세상을 들여다봅니다. 아이는 자신이 보았던 많은 것을 따라 배웁니다. 즉 모방하고 시도합니다. 반대로 '나는 절대 술주정뱅이에다 폭력적인 아빠처럼 안 될 거야!'라고 다짐하기도 합니다. 아빠와 다른 사람이 되려고

노력하고, 공격성을 띠는 모든 감정을 억누르려 합니다. 여기에서도 본보기를 통한 학습이 일어납니다. 다만 부정적인 본보기, 즉 반면교사를 통해 배움이 일어납니다. 아이들이 제대로 느끼는 법을 배우려면, 자신의 감정을 진지하고 열린 마음으로 다루는 좋은 본보기가 필요합니다. 그리고 아이들이 직접 느껴야 하며, 자유롭게 느낄 수 있도록 허락되어야 합니다. 뇌과학자들은 본보기를 통한 학습의 중요성을 증명하고, 더 나아가 학습이 주로 감각적 경험에서 비롯된다는 점을 강조합니다. 모든 정보를 감각으로 수용할 때, 뇌는 그때까지의 정서적인 감정 경험을 활용합니다. 따라서 아이들은 좋은 본보기를 통해 감정을 경험할 다양한 기회를 얻어야 합니다.

● 사춘기를 기점으로 뇌에도 큰 변화가 일어납니다. 신피질(Neocortex, 대뇌 겉 부분에 있는 일종의 '하드디스크')에 누적된 경험이 생물학적으로 한층 강화됩니다. 계속해서 변하기는 하지만, 신경관(Neural tube)은 보호 외투와 같은 것에 에워싸여, 차단되고 고정됩니다. 이렇게 가장 최근에 고정된 영역은 가치관과 가치평가의 기준이 저장되는 뇌의 영

역으로서, 본보기나 자기 경험을 통해 얻은 정서적 경험의 결과물입니다. 이때부터 아이는 부모나 다른 어른들의 평가와 다른 자신만의 가치를 차별화하는 것이 중요하다고 느낍니다. 차이를 강조하기 위해 옷, 외모, 언어, 음악 그리고 그 밖의 기호 표현으로 자신만의 특징을 외부로 드러내려고 합니다.

이때 아이의 뇌는 단단히 굳어지거나 고정되어 있지 않습니다. 확고하지도 않고, 깨지기도 쉽습니다. 자기 가치를 표현하는 말이 서투릅니다. 따라서 아이는 자기만의 느낌과 행동 방식을 찾으려고 합니다. 동시에 신체가 변하면서 남자와 여자로서 성징이 짙어지며, 사회적인 관계도 급격히 변합니다. 세계와 관련지어 자신의 위치를 자리매김하고 싶어 합니다. 이 모든 과정은 아이의 감정 생활을 뒤죽박죽으로 만들기도 하지만 또 단단하게 만들기도 합니다. 아이는 자신이 원하는 대로 존재하고 싶어 합니다. 하지만 아직 자신이 원하는 것이 무엇인지 정확히 모르고, 또 날마다 변합니다. 이 시기에 부모가 아이를 위해 할 수 있는 최선의 역할은 가능한 한 침착하게, 그리고 믿을 수 있게 진실로 대해야 한다는 것뿐입니다. 커가는 아이에게는 충분한 시간과 마음껏 뛰어다닐 수 있는 공간도 필요하지만, 자신을 자극하고 자신의 능력을 가늠해볼 수 있는 상대방도 필요합니다.

● 뇌과학에서 이미 검증되고 계속 강조되어온 아이들의 감정적 특이성, 즉 원시적 감정을 주목해야 할 필요가 있습니다. 이것은 존재가 위협받는, 즉 매우 큰 위험성을 감지한 상황에서 나타나는 감정입니다. 인간뿐 아니라 다른 모든 동물에게서도 발견되는데, 이는 인류가 거의 매일 극심한 위기에 노출되어 있던 원시 시대부터 시작된 감정입니다. 우리의 조상들이 스밀로돈에 의해 위협받을 때 벗어날 방법은 세 가지였습니다. 첫째, 맞서 싸우는 것입니다. 말하자면 공격적인 감정을 총동원해 스밀로돈을 이기는 방법입니다. 둘째는 도망치는 것입니다. '삼십육계 줄행랑'을 칠 수 있습니다. 하지만 두 방법이 불가능하다면 숨을 수밖에 없습니다. 아마도 이때는 무력감에 사로잡혀 경직된 상태였을 것입니다.

오늘날 세계에는 스밀로돈도 매머드도 없습니다. 그러나 대신에 자동차가 있습니다. 사람들은 끽 소리를 내는 바퀴

소리에도 소스라치게 놀라며, 스밀로돈의 포효소리를 들었을 때처럼 놀라 경직되곤 합니다. 아이들이 비상 신호로 여기는 상황은 이것 말고도 충분히 많습니다. 모든 위기는 존재를 위협하는 아주 위험한 경험입니다. 트라우마, 성폭력을 비롯한 모든 폭력은 아이와 어른에게 원시적 태고의 감정을 불러일으키고, 이에 상응하는 반응을 불러일으킵니다. 뇌에 들어오는 모든 정보는 존재를 위협하는지에 따라 엄격하게 가부로 분리됩니다. 그런 일을 하도록 최적화된 특수 영역이 바로 편도체(Amygdaloid body)입니다. 병원에 입원한 적이 있고, 생명의 위험을 겪었던 아이의 뇌는 텔레비전에 그와 비슷한 장면이 나오거나 병원이나 약 냄새만 맡아도 비상 신호등이 작동될 수 있습니다. 그래서 원시적 감정을 지닌 아이들은 격렬히 반응합니다. 마치 목숨이 달린 듯 격렬히 싸우고, 공포에 사로잡혀 도망치거나 소스라치듯 놀라 몸이 굳어버리고 맙니다.

뇌과학에 의해 검증된 지식은 아이의 감정이 얼마나 중요하며, 왜 존중받아야 하는지, 또 왜 아이의 감정이 있는 그대로 받아들여야 하는지 잘 보여줍니다. **그러나 다른 한편으로는 느낌과 감정이 날씨만**

큼이나 계획할 수 없으며 통제할 수 없다는 사실도 잘 보여줍니다. 따라서 이 점을 고려하고 대처해야 합니다. 감정은 계획할 수 없고 통제할 수 없어서 매번 우리를 놀라게 합니다. 과거에는 이성과 감정을 명확히 구분하려 했었습니다. 뇌과학은 이 두 가지가 분리될 수 없고 서로 엮여 있다는 사실을 밝혀냈습니다. '지구는 얇은 원반과 같다'라는 생각처럼 오래된 이 과학 모형들과 마찬가지로 시대착오적입니다. 과거에는 각 감정의 본거지가 뇌의 어느 부분에 있는지, 그 위치를 알아내려고 했습니다. 지금은 이것이 불가능하다는 사실을 아주 잘 알고 있습니다. 각각의 감정에 뇌의 다양한 부분이 관여합니다. 이처럼 감정이란 복잡한 과정의 얼개로 구성되어 있습니다. 그래서 감정들을 각각 간단하게 도식화하거나 단순화할 수 없습니다. 감정은 인간이 만반의 준비로 차츰차츰 개척에 해야 할 일종의 원시 자연이라고 할 수 있습니다. 지금까지 어떤 감정은 더 많이 알려졌고, 또 어떤 감정은 우리의 탐험 욕구를 계속 자극합니다. 이렇듯 감정은 매번 우리를 놀라게 합니다.

'쓸모 있다'는 감정은 학습을 촉진한다

공부, 즉 학습은 일종의 과정입니다. 사람들은 종종 학습 과정의 복잡성을 얕잡아보는 경향이 있습니다. 공부에 열중한다는 것은, 인지의 과정을 의미할 뿐만 아니라 지식, 사물 등에 관한 주제에 많은 관심을 둔다는 걸 의미합니다. 물론 수학 수업은 구구단에서부터 알고리즘에 이르기까지의 다양한 공식을 가르치는 데 집중합니다. 그러나 학습이 효과적으로 이루어지고 있는지 그 여부는 순전히 감정에 의해 결정됩니다. 이는 뇌과학의 관점에서 의심의 여지가 없습니다. 비단 학창 시절뿐 아니라 그 전후 경험을 떠올려보면, 수많은 학습 과정에 감정이 개입한다는 사실을 발견할 수 있습니다.

학습 자료가 흥미롭다면, 지루할 때보다 아이는 더욱 잘 배웁니다. 즐거움이라는 감정은 학습 능력을 지원하고 촉진합니다. 간단한 간식을 주고 분위기를 여유 있게 만들어주면 아이는 즐겁게 공부합니다. 반면에 압력과 긴장은 학습 능력을 떨어뜨립니다. 뇌과학자들은 훌륭한 교육자들이 이미 알고 있었던 이러한 상식이 옳았다는 걸 증명했습니다.

뇌과학자들이 말하는 근거는 간단합니다. 새로운 정보를 인식하고 저장할 때 뇌는 중요한 것과 중요하지 않은 것을 구분합니다. 그리고 이때 뇌는 새로운 정보가 중요한 정보인지 아닌지 판단하는 데 감정에 의존합니다. 새로운 정보는 모두 뇌에서 우선 '작업저장소'로 들어갑니다. 특히 잠(!)을 자는 동안 중요한 정보는 작업저장소에서 뇌의 하드디스크인 신피질로 이동합니다. 여기서도 모든 것이 무사통과하는 게 아니라 중요하다고 평가되는 일부만 다른 자리로 이동합니다. 물론, 특정 정보를 기억하지 못할 때 처벌을 낳고 두려움을 불러일으키는 경우도, 뇌는 그것을 중요한 정보로 기억합니다. 하지만 관심과 호기심을 바탕으로 동기 부여된 경우만큼은 아닙니다.

뇌과학자들은 뇌도 끊임없이 학습한다고 지적합니다. 공부가 압박감과 직결되어 있고, 과제가 두려움에 의해 통제되는 상황이라면, 아이의 뇌는 공부를 두려움으로 학습하는 점을 강조합니다. 수학 수업이 어렵고 지루하면 아이의 뇌는 수학(또는 학교)을 지루한 것으로 인식합니다.

굳이 아이가 무언가를 배워야 한다고 말하지 않아도 아이는 매일 무언가를 배웁니다. 어린아이는 호기심이 많고, 무언가에 관심이 있기에 배웁니다. 반짝이는 물체가 보이면, 젖먹이의 시선과 관심은 반짝이는 물체로 향합니다. 아이는 물체, 쏟아지는 빛, 전경과 배경 따위를 구별하는 법을 배웁니다. 조금 더 자라면, 반짝이는 물체를 향해 기어가서 손으로 잡을 수 있게 됩니다. 그러고는 어쩌면 입으로 가져갈 수도 있습니다. 손으로 만져보고, 또 어쩌면 그것을 떨어뜨려도 볼 것입니다. 아이는 그것이 어떤 물체인지, 또 이 물체와 어떤 관계를 맺을 수 있는지를 배웁니다. 학교 교육의 역할은 아이가 배울 수 있도록 아이의 호기심과 흥미를 자극하고 깨우는 데 있습니다. 단지 학습 진도표에 있다는 이유로 수학 수업에서 '건조한' 알고리즘만을 다루는 것보다 실제 컴퓨터로 알고리즘을 활용해 간단한 프로그램을 개발해보는 학습이 훨씬 더 흥미로울 수밖에 없습니다.

어떤 아이들은 압박감이 가해진 환경에서만 학습하기도 합니다. 원하든 원치 않든 부모나 교사에 의한 지속적인 압박은 아이의 내면에 '압력' 형태로 '들어앉게' 됩니다. 강하게 압박하면, 아이는 '어떻게 해서든', 또는 적어도 일시적으로 원하는 요건에 도달할 수는 있습니다. 하지만 이러한 학습은 호기심과 흥미에서 비롯된 학습처럼 꾸준히 유지될 수 없습니다. 결국, 학습에 대한 즐거움을 못 느낄 뿐 아니라, 흥미도 잃게 됩니다. 즐거움, 호기심, 흥미와 같은 감정이 사라지면 학습 태도는 장기적으로 떨어집니다. 더욱이 일생 내내 삶의 질도 떨어집니다.

이 아이들에게 학습과 연결되는 감정은 유감스럽게도 벌을 받을지도 모른다는 두려움, 실패할지도 모른다는 두려움, 성적이 나빠서 혼날지도 모른다는 두려움입니다. 이미 뇌의 작동 과정과 감정에 관해 서술했듯이, 각 신경세포가 받아들인 정보들은 모두 감정과 연결되어 있으며, 대뇌변연계 시스템의 관여하에 이루어집니다. 학습이 감정과 연결된다는 점은 이미 논란의 여지가 없는 사실입니다. 그런 점에서 부모들이 가장 궁금해하는 점은 학습에 관여하는 감정이 어떤 감정이냐는 것, 그러니까 감정이 어떻게 학습을 촉진할 수 있느냐입니다.

우선 먼저 기억해야 할 것은 '학습은 관계의 경험'이라는 사실입니다. 여러분의 학창 시절로 되돌려보면, 호감이 갔던 선생님, 그렇지 않았던 선생님, 믿고 따랐던 선생님, 그렇지 않았던 선생님, 무서웠던 선생님, 존경했던 선생님이 누구였는지를 어렵지 않게 떠올릴 수 있을 것입니다. 그리고 선생님과의 관계, 학생에 대한 선생님의 태도가 학습 태도와 학습 능력에 지대한 영향을 끼쳤던 기억도 떠올릴 수 있을 것입니다. 어떤 아이에게 특정 과목 선생님이 바뀐 후 점수가 갑자기 떨어진 이유를 묻자, 아이는 '선생님이 오신 지 3개월이 지났음에도 여전히 아이들의 이름을 알지 못해서'라고 고백합니다. 게다가 "학생들의 좌석 배치도가 있는데도 모르는 걸 보면 선생님께서 이름을 익히려고 노력도 하지 않는 게 분명해요"라고 덧붙입니다. 자기뿐 아니라 같은 반 다른 아이들도 이런 점을 선생님이 자신들에게 관심 없고, 신경 쓰지 않으며, 자신들을 중요하게 여기지 않는 증거로 여긴다고 했습니다. 그런 이유로 과목에 대한 흥미가 줄어들었고, 전체 학습 환경과 태도에 악영향을 끼쳤으며, 결국 점수가 떨어진 것입니다. 한 아이만이 아니라 같은 반 다른 친구들도 마찬가지일 것입니다. 어쩌면 어른들에게는 사소해 보일 수 있는, 어른들의 부족한 관심이 학습 분위기뿐 아니라 아이의 자존감, 자신감, 자부심에까지 상처를 입힌 것입니다.

아이들은 무언가를 배우게 될 때 뿌듯해합니다. 쓸모 있다는 느낌, 즉 자기 효능감을 체감합니다. 아이가 처음으로 자전거 타는 법을 배웠을 때, 또 가장 좋아하는 노래를 처음으로 번역했을 때처럼 아이가 매우 기뻐하던 밝은 얼굴을 떠올려봅시다. **무언가 쓸모 있다는 감정과 느낌, 무언가를 이해하고 배우고, 무언가를 해냈다는 느낌이 바로 학습의 가장 강력한 동력입니다.** 그리고 그 감정을 체감한 아이의 역량은 다른 아이보다 빨리 향상됩니다. 따라서 아이의 이런 표현이나 신호를 아랑곳하거나 무시해서는 안 됩니다. 반드시 아이의 신호나 표현에 반응하고 그가 해낸 무언가를 인정해주어야 합니다.

뿌듯함, 긍지, 자랑은 학습 과정에서 아주 중요한 감정입니다. 아이의 뿌듯함, 또 아이가 무언가를 해냈고, 무언가를 이뤄냈다는 긍지는 어른들이 생각하는 것처럼 저절로 생기거나, 어쩌다 우연히 전달되는 것도 아니고 당연한 것도 아닙니다. 이러한 뿌듯함과 긍지는 말과 표현으로 커집니다. 아이는 진정성이 있는 피드백이 필요합니다. 아이들은 자신을 뒷받침해주고 긍지를 강화해주는 피드백이 필요합니다.

감각의 대면

'관계의 경험'이 아이의 희로애락을 결정한다

아이는 마땅히 그 존엄성을 인정받아야 합니다. 아이의 존엄성은 인권입니다. 일시적이어서도 안 되고, 일관되며 항구적으로 존중받아야 합니다. 아이의 존엄성을 존중한다는 말은 아이의 가치를 인정한다는 뜻입니다. 그들이 어떤 감정을 느끼든, 그들에게 감정의 자유가 있고, 그 감정 세계를 인정받아야 합니다. **아이는 다른 사람들과의 관계에서 존엄과 존중을 경험합니다. 따라서 아이의 자존감은 '아이 자신에게서' 저절로 생기는 것이 아닙니다.** 다른 사람, 특히 부모와의 상호작용에서 생겨납니다. 감정도 마찬가지입니다. 즉 아이의 감정도 상호작용에서 생겨납니다. 감정은 즉흥적인 태도를 결정하는 감각입니다. 즉흥적인 태도를 만들고, 또 연속적으로 반응하면서 다른 사람을 비롯한 환경 전체와 관계를 설정합니다. 따라서 아이가 감정을 '배우고' 느끼는 감정을 적절하게 표현할 수 있으려면, 다른 사람과 감정을 나눠야 하고, 다른 사람들로부터 가치를 인정받아야 합니다. 그러면 아이에게 무엇을 어떻게 해줘야 할까요?

때로는 목소리에 담긴 어조가 말이 전하는 내용보다 느낌이나 감정에 대해 더 많은 것을 설명하기도 합니다. 또 말로 표현하는 것보다 서로 눈을 마주 보는 편이 더 효과적일 수 있습니다(물론 그 반대의 경우도 있습니다). 느낌이 전해지는, 우리가 이른바 '감각의 대면'이라 부르는 개념은 이러한 경험에서 비롯된 감정입니다. 이 개념은 아이의 감정이 가치 있고, 또 아이가 가진 감정의 가치를 인정하며, 그 감정을 공유하는 데 매우 중요한 요소입니다. 부모들도 그렇지만, 아이들은 더욱 말로 충분히 설명할 수 없는 것들이 많기 때문입니다.

'감각의 대면'은 아이의 가치를 인정하며 아이와 상호작용할 수 있는 방법을 찾을 때 효과적입니다. 이 개념은 사람 간의 중요한 감각적 상호관계로서, '눈빛', '소리', '이해', '압력', '의지' 등 크게 다섯 가지로 나눠 설명할 수 있습니다. 이 상호작용은 계속되는 감각의 대면이자 동시에 경험의 대면입니다. "내 눈빛을 읽어 봐", '소리를 느껴 봐',

'너 때문에 답답해', '내 주변을 맴돌아서 신경 쓰여'와 같은 우리가 흔히 쓰는 표현에서도 발견할 수 있습니다. '감각의 대면'에 대해서는 다음에 조금 더 자세히 살펴볼 것이며, 이번에는 그 개념만 간략히 설명합니다. 이 개념은 아이와 아이의 감정 세계를 있는 그대로 존중하고 생동감을 불어넣고 싶어 하는 부모나 교육자들에게 폭넓은 선택지를 제공할 것입니다.

> * 이 책은 '감각의 대면'이 가진 특이성에만 관심을 둘 수는 없다는 점을 밝혀둡니다. 이 특이성은 원래 감각이 제한된 아이들에게 주로 해당하는 내용으로, 모든 아이를 대상으로 적용하기에는 무리가 따를 수 있기 때문입니다. 따라서 여기에서는 아이들에게 나타나는 공통적인 특성에 도움이 되는 측면에서만 간단하게 다룰 것입니다.

보는 것과 보여주는 것, 눈빛과 대면하기

바라본다는 것은 갓 태어난 아이에게 뜻깊습니다. 아이들은 거의 완벽히 발달한 눈 근육을 가지고 세상에 태어납니다. 신생아의 눈빛은 엄마의 눈으로 향합니다. 엄마의 눈빛도 갓 태어난 아이의 눈으로 향합니다. 이 장면은 전혀 낯설지 않습니다. 생후 8주가 지나면 젖먹이는 엄마와 눈빛을 자연스럽게 맞춥니다. 아이가 엄마와 눈빛을 맞추는 것은, 그야말로 '눈길의 춤'입니다. 이때 이루어진 시선의 접촉은

훗날 아이의 인생에 적지 않은 영향을 끼칠 것입니다.

갓 태어난 아이의 눈빛에는 안정, 보호, 안전, 신뢰와 같은 인상이 반영되고, 약간 더 시간이 지나면 눈동자를 이리저리 굴려 엄마와 눈빛을 맞추며 감정을 '느낄' 수 있게 됩니다. 그런데 만약 눈빛을 보낼 대상이 없고, 눈빛이 공허해진다면 아이는 자신이 의미 없고 쓸모없다고 느낍니다. 관심받지 못한다는 이 느낌은 아이에게 심각한 경험으로, 자아가 성장하고 정체성을 확립하는 데 적지 않은 폐해를 끼칩니다. 그런데 여기에 더해 아이를 당황하게 만드는 것은 무관심뿐 아니라, 경직되고 차가운 눈빛도 있습니다. 아이는 부모가 왜 자신을 차갑게 바라보는지, 그 이유를 이해할 수 없지만, 적어도 '자기 때문'이라고 느낍니다. 아이의 관점에서 보면, 이렇게 생각하는 것 말고 달리 해석할 수단이 없기 때문입니다. 이처럼 눈빛에는 공허함 말고도 폭력, 공포, 수치, 멸시, 무시, 굴욕 같은 차가운 감정이 담기기도 하고, 존중, 관심, 신뢰, 우정 같은 따뜻한 감정이 담기기도 합니다. 이 눈빛에 담긴 감정은 말하지 못하는 아이에게 여과 없이 전해집니다.

"어디 있을까? 대체 어디로 숨었을까?", "찾았다. 이거 너지?" 아이들은 눈을 감거나 천으로 눈을 가린 후 다른 아이를 찾는 까막잡기 놀이를 할 때 즐거움을 제대로 만끽하곤 합니다. 서로 간에 약속을 바탕으로 한 놀이에서 술래는 눈을 가려도 두려움 없이 참여자를 쫓고, 참

여자는 술래를 피해 이리저리 도망치는 긴장감에서 흥미를 느낍니다. 그런데 이 간단한 놀이에는 자기 객관화, 이른바 다른 사람들이 자신의 몸을 인식할 수 있다는 깨달음이 담겨 있습니다.

아이가 두려움을 느낄 때, 아이는 두려움 속에 있는 자신의 모습을 남들이 보고 있다는 경험이 필요합니다. 쉽게 말하자면, 두려움을 느끼는 자신의 모습을 제삼자의 시선으로 경험해보는 것이 필요합니다. 상대방의 시선으로 나와 내 감정을 객관적으로 바라보면, 과잉된 감정을 다룰 수 있게 됩니다. 이 같은 자기 객관화는 애정 어린 시선을 통해 발달합니다. 아이는 자신의 감정을 진지하게 받아들이는 상냥한 눈빛이 필요하고, 또 원합니다. 심지어 아이가 반항적이거나 화를 내는 때라도, 부모는 호기심과 관심 있는 시선으로, 적어도 비판적이거나 책망하지 않는다는 시선을 보내야 합니다. 감정이 무시될 때, 아이들의 행동은 나이에 상관없이 똑같습니다. 사람들이 자신을 받아들이지 않고, 또 진지하게 여기지 않는다고 느낍니다. 시선의 질은 그래서 중요합니다. 시선은 무시와 존중을 담을 수도 있으며, 수치스러움과 진지함을 모두 담을 수도 있습니다. **때로는 말하지 않고, 몸짓이나 표정을 달리하지 않아도 시선 하나만으로 아이에게 체벌을 가하고 아이를 감정적으로 침묵하게 만드는 힘이 있습니다. 반대로, 아이에게 용기를 주고 삶에 대한 활력을 불어넣을 수도 있습니다.** 아이를 따뜻한 시선으로 지켜보면, 아이는 자신이 환영받고 있으며, 올바른 위치에 있으므로 안전하다고 느낍니다. 또한 '밝고 기쁜' 부모의 눈빛에서 아이는 자신을 사랑하고 자신을 따뜻하게 대하는 사람이 있다는 것을 믿습니다. 이러한 시선은 아이가 열린 시선으로 세상을 바라볼 수 있는 동력이 되고, 다른 사람과 좋은 관계를 맺을 수 있는 버팀목이 되며, 아울러 자신의 감정을 제대로 받아들이고 다룰 수 있게 해줍니다. **그리고** 더 나아가 다른 사람이 느끼는 감정을 제대로 공감할 수 있게 해줍니다. 복잡 미묘한 느낌의 시선은 세상을 다양하게 받아들이는 원천이 되고, 아이만의 독특한 관계를 형성할 수 있게 돕습니다.

목소리, 소리와 대면하기

'소속감'이라는 말을 곱씹어보면, 속을 터놓고 말할 수 있으며, 누군가가 말을 들어주며, 배제되지 않고 포함된 이른바 '양질'의 듣기와 관련이 깊다는 사실을 알 수 있습니다. 젖먹이가 무언가 소리를 낼 때조차, 아직 말은 할 수 없어도 아주 다양한 표현을 할 수 있습니다. 숨 쉬는 소리만 놓고 보더라도 아이마다, 상황마다 다릅니다. 귀를 기울이면 젖을 빠는 소리도 아이마다 다릅니다. 세상에서 가장 가까운 사이인 부모가 아이가 '말하는 것'을 주의 깊게 귀 기울이는 것은, 아이가 느끼기에 이 관계가 매우 돈독하고 안전하며 만족스럽다고 느끼는 시작점일 수 있습니다.

　아이에게 관심을 기울이는 부모는 우는 소리만으로도 아이가 왜 우는지 금방 이해하곤 합니다. 정확히 말하면, 무엇이 아이를 불편하게 하는지 '들을' 수 있습니다. 이는 주의와 관심을 기울여야 알 수 있습니다. 아이가 원하는 관심을 받고 그렇게 시간이 흐르면, 아이와 부모 사이에는 서로 이해할 수 있는 경험의 언어와 같은 연결고리가 생겨납니다. 아이의 울음소리는 배가 고파서일 수 있고, 기저귀가 축축해져 갈아달라는 것일 수 있습니다. 물론 잠이 와서일 수 있고, 당장 안아달라는 것일 수 있습니다. 때로는 아이의 울음소리에서 들리는 욕구를 해결해줘도 기대했던 것과 달리 아이가 울음을 그치지 않아 혼란스러울 수도 있습니다. 사랑이 충만한 부모는 젖먹이의 울음을 함께 있어 달라는 의미로 파악하고, 아이 곁에 있으면서 아이에게 몰두합니다. 하지만 해결책을 찾는 와중에 아이의 울음소리가 점점 커지고 절망적으로 바뀌면, 그 소리에 놀라서 점점 더 절망에 빠지게 되기도 합니다. 맞습니다. 울음소리에는 우리가 알지 못하는 더 많은 진실이 들어 있습니다. 부모가 아닌 사람들이 그 울음소리를 제대로 '듣기'란 어렵습니다. 이를테면, 아이가 매우 흥분하고 예민해서 큰 소리로 웁니다. 그때 아이는 조용히 내버려달라고 고함을 지른 것일 수 있습니다. 이럴 때라면 아이와 긴밀한 관계에 있는 부모가 아니면 듣기 어렵습니다. 아이의 욕구에 관한 일반적인 지식도 무용지물이죠. 이런 경우라면 아이에게 주관적이고 개인적으로 관여하는 것만이 도움 됩니다. 감각의 대면은 이럴 때 유용합니다.

조금 더 큰 아이도 마찬가지입니다. 학교에서 돌아온 아이에게 엄마가 "어땠어?"라고 묻습니다. 아이는 "괜찮았어"라고 아주 짧게 대답합니다. 이때 부모는 아이의 목소리에서 아이 말대로 모든 것이 '다 괜찮았구나'라고 곧이곧대로 받아들일 수도 있지만, 이 짧은 아이의 대답 속에서 무언가 좋지 않은 느낌을 받고는 나쁜 일이 있었음을 감지할 수도 있습니다. 물론, 둘 다 아닐 수 있습니다. 이를테면, 이 짧은 대답에 담긴 아이가 진짜 하고 싶은 말은 "귀찮게 하지 마. 내버려 둬"일 수도 있으니까요. 따라서 아이의 이 같은 '복합적인' 목소리에 담긴 숨은 의미를 찾으려면, 아이의 감정 표현을 섬세하게 받아들이는 태도가 필요합니다. 이럴 때라면 아이의 말에 짜증을 내거나 잔소리를 덧붙이는 대신에 아무 일 없다는 듯이 반응하는 편이 좋습니다. 그러면 시간이 지난 후 아이가 가졌던 감정에 관해 차분하게 대화할 수 있고, 아이에게는 '네 감정을 존중한다'는 믿음을 줄 수도 있게 됩니다.

때로는 어른들이 아이들이 하는 말에 관심을 못 기울일 때도 있습니다. 바쁜 일상을 살다 보면, 아이의 말을 편견 없이 귀담아 들어줄

'여유로운 귀'가 없을 때가 많습니다. 처음에는 아주 평범한 삶의 날이 계속되는 것처럼 보입니다. 하지만 계속 반복되면, 아이는 단념하고 침묵하거나, 반대로 자신의 말을 듣게 하려고 거칠게 외치거나 욕을 하거나 날뛰기도 합니다. 원인을 알 수 없는 어떤 일로 급작스레 생긴 분노가 금방이라도 터져 나올 것 같은 활화산 같은 느낌을 받습니다.

남들이 자신의 목소리에 귀 기울이지 않는다고 느낄 때, 자신의 말에 아무런 반응이 없을 때가 있습니다. 다른 소리 때문에 아이가 하는 소리가 묻혔을 수 있습니다. 어떤 이유에서 비롯되었든 간에 자신이 낸 소리에 아무런 반향이 없다면, 소리가 묻혔거나 묻히게 된다면, 그리고 자신의 느낌, 자신의 목소리와 기분이 어떤 의미도 없다는 걸 반복적으로 경험하면 아이는 부담스럽고 괴롭습니다. 이 괴로운 경험은 일회성으로 끝나지 않고 지속적인 영향을 줍니다. 어찌 보면 말을 들어준다는 것은 지극히 평범한 것으로 받아들여질 수 있지만, 아이에게는 실존적으로 아주 중요한 문제입니다.

성폭력을 비롯한 폭력, 학대의 트라우마를 경험했던 아이들, 큰 소리로 혹은 그럴 수 없어서 작은 소리로 "안 돼"라고 외쳤지만, 자신의 외침이 무시당한 경험을 했던 아이들, 그리고 '그 일이 지난 후'에도 자신의 말을 누구도 귀담아듣지 않아(혼란 속에 빠진 아이를 사람들이 눈치채지 못하고) 홀로 있게 된 아이들은 자신이 '세상 밖으로 내던져진' 경험을 합니다. 어디에도 속하지 않는다는 감정, 버려진 감정, 혼자라는 감정은 마음 깊숙이 자리 잡고 둥지를 틉니다. 아이가 죄책감과 무력감으로 어른을 향해 거칠고 냉정하게 대한다고 할지라도, 그들의 헤아릴 수 없는 고통을 들어주고, 그들의 기운을 북돋우며, 그들이 겪는 고통을 소리쳐 외칠 수 있도록 돕는 것이 절대적으로 필요합니다. 들어주는 것은 상처받은 아이의 영혼에 다시 존엄을 불어넣기 위한 기본적인 전제조건이기도 합니다.

앞서 언급했듯이, 가장 안 좋은 것은 아무도 자신의 말을 들어주지 않거나 모두에게 무시된다고 느끼는 것입니다. 이는 모두에게 해당합니다. **당연히 부모도 아이의 말을 듣기에 곤란한 상황에 놓여 있을 수 있습니다. 하지만 그런 상황일지라도 부모는 적어도 아이를 대하는 목소리에 담긴 감정만큼은 고려해야 합니다.** 그 목소리로 아이가 어떻게 해야 하고, 어떤 태도로 해야 하는지, 어떤 것은 해야 하고 어떤 것을 하지 말아야 하는지 등을 아이에게 전달합니다.

호기심으로 가득한 아이가 지치지 않고 질문할 때가 있습니다. 이럴 때 부모는 아이가 하는 질문 내용과 시점 때문에 신경이 예민해져 짜증 섞인 말투가 거의 자동으로 나올 때가 있습니다. 이럴 때는 "네 말 잘 들었어. 그런데 지금은 안 돼" 또는 "엄마는 알지 못해. 전혀 모르겠어. 흥미롭긴 하지만, 엄마는 생각해본 적 없는 문제야"와 같은 명백한 말로 표현하는 게 좋습니다. 그러면 '오히려 질문하지 않는 편이 나은 아이'가 될 거라는 잘못된 믿음을 갖고 자라지 않아도 됩니다.

종종 아이에게 흥미 있는 척 시늉만 하는 부모나 교사가 있습니다. 하지만 아이는 '영혼 없는' 목소리를 금방 알아챕니다. 가끔 일어나는 일이라면 문제가 되지 않습니다. 이것 역시 삶의 일부로 사회적 학습 과정일 수 있습니다. 하지만 이러한 일이 반복된다면, 자신이 목소리를 내는 것을 사람들이 원치 않으며, 목소리를 내는 의미도 없고 권리도 없다는 근본적인 관계 경험으로 아이의 감정에 깊게 자리 잡을 수 있습니다. 반대로, 어떤 부모나 교사는 아이가 하는 거의 모든 삶에 대해 과한 칭찬을 보내기도 합니다. 심하면 이것도 문제입니다. 아이는 어른이 하는 감탄과 동시에 감탄의 목소리에 들어 있는 솔직하지 못한 감정도 감지합니다. 이 경우는 아이의 제대로 된 자기 이해와 온전한 감정 생활의 토대를 흔듭니다.

목소리의 질뿐만 아니라 잡음이나 소음도 아이를 괴롭힐 수 있습니다. 이를테면, 아이 침실 앞에 들려오는 기괴한 소음이나 어른이 즐겨 듣는 성인 가요 등이 너무 압도적이면, 아이는 불안감을 느낍니다. 부모는 말로 표현하고, 책을 읽어주고, 노래를 불러주거나 함께 노래를 부르는 등의 다양한 방법으로 아이의 감정 세계를 지켜줄 수 있습니다. 아이가 가장 좋아하는 음악이나 라디오 방송극을 반복해서 틀어 주는 것도 사랑과 감정 발달에 도움이 됩니다. 부모가 아이에게 관심이 있다는 것을 아이가 피부로 느낄 수 있기 때문입니다. 이 모든 것은 자신이 받아들여지고 환영받는다고 느끼게 합니다. 아울러, 가족으로서 일원이라는 깊은 신뢰감을 줍니다. 이러한 모든 것은 '세상 속에 있는' 그의 존재가 딛고 설 수 있게 하는 중요한 기초입니다.

잡기와 붙잡히기, 이해와 대면하기

아이는 자신을 둘러싼 세상 모든 대상을 붙잡고 싶어 합니다. 엄마와 아빠의 얼굴을 향해 손을 내밀고, 장난감, 젖병, 젖가슴 등 흥미가 있는 것이라면 무엇이든 손으로 잡으려고 합니다. 흥미, 호기심, 삶의 기쁨, 자신과 세상에 대한 신뢰 등은 '잡으려는' 충동을 일으키는 지배적인 감정입니다. 아이는 손으로 잡으려는 대상이 존재하지 않거나 사라지면 공허감을 느끼고, 자신이 아무것도 아닌 존재이자 버려진 존재로 여기게 됩니다. 이런 일이 잦아지면 언젠가는 손으로 잡으려는 시도마저도 멈춥니다. 허공에 대고 잡으려는 행동이 얼마나 상처가 되는지 잘 알기에 잡으려는 욕구와 충동은 머뭇거리고 뒤로 물러나는 것입니다.

아이들은 손으로 잡으려는 행동에서 세상을 이해하는 두 가지 배움을 얻습니다. 잡고자 하는 대상의 본질이 무엇인지 이해하고, 동시에 잡을 수 있는 자신의 능력을 이해합니다. 효능감, 즉 쓸모 있음을 배웁니다. 어린아이들은 말 그대로 엄마의 '옷자락'에 매달리곤 합니다. 아이는 무언가를 붙잡는 과정에서 스스로 영향력이 있고 의미가 있다는 사실을 배울 수 있습니다. 만약 '밀쳐지거나 떨어뜨려지는' 일을 자주 경험하면 아이는 자신이 변화를 만들 수 없고, 스스로 하찮은 존재라고 믿게 됩니다. 말하자면 자기 효능감을 잃게 되는 것입니다.

무언가를 만지거나 잡으려는 행위는 아이를 일으켜 세우는 동력입니다. 아이는 항상 어디론가 가고자 합니다. 흥미를 자극하는 어떤 대상에게 가려고 하고, 껴안고 싶다고 사람에게 신호를 보내고, 또 기쁨과 자긍심을 경험하고 싶은 의지를 담아 세상을 향해 끊임없이 손을 내밉니다. 아이는 이런 방식으로 세상을 이해하고 정복합니다. **아무것도 만질 수 없다면 배울 수도 없습니다. 마음껏 붙잡고 놀 공간이 없는 아이는 배울 수 없습니다. 자유롭게 붙잡으려는 행위는 세상으로 향하는 다리 역할을 합니다.**

아이가 아무것도 잡지 못하거나, 폭력적인 상황에 붙잡히게 되면 지속해서 그 심각성이 쌓입니다. 다양한 형태의 공허감과 폭력, 매질, 성폭력을 경험한 아이는 어른의 힘 앞에서 무기력함을 인식합니다. 트라우마와 같은 경험 또는 그 경험을 한 후에 받는 무기력한 절망감과 홀로된 느낌은 아이의 일생에 두고두고 영향을 끼칩니다. 아이는 자신의 의지를 무의미한 것으로 이해합니다. 또 쉽게 단념합니다. 그러고는 그곳에서 빈손으로 서 있는 느낌이 들어 자신의 손으로 잡으려는 시도 자체를 그만둡니다. 아울러 절망에 빠진 아이는 자신의 삶, 적어도 최소한의 자기 결정권을 부여잡기 위해 자신을 통제하기 시작하며, 자기 자신에 대한 공격성을 키웁니다.

놀랍게도, 손이 꼭 붙잡힐 때 아이는 전혀 다른 경험을 하기도 합니다. 자기 존엄을 인정받는 아이는 자신의 손을 잡은 어른의 손에서 안전과 방향감각을 익힙니다. 아이가 위험에 처할 때, 만약 아이가 달리는 자동차로 달려갈 때라면 아이를 단단히 잡을 수 있는 어른의 손이 필요합니다. 아이는 단호하게 잡아주는 행위에서도 온기와 위로를 느낄 수 있다는 사실을 배우며, 감각의 대면을 경험하는 것입니다. 그럴 때 아이는 자존감이 강해지고, 지탱할 수 있는 버팀목이 생깁니다.

밀기와 당김, 압력과 대면하기

아이는 아빠와 몸을 쓰며 힘을 겨루는 놀이를 좋아합니다. 누르고 잡는 방식으로 '연습'할 수 있는 사랑스러운 놀이로, 이 과정을 통해 아이는 어른이 봐주는 한계 안에서 자신의 능력, 힘의 정도와 신체적 한계를 경험할 수 있습니다. 아이와 어른은 서로 다른 강도로 상대방에게 힘을 가합니다. 그 힘은 때로는 단단하고 강하며, 때로는 부드럽고 약합니다. 사람은 누구나 물건, 인형, 쿠션, 고양이, 사람 같은 다양한 대상을 밀어내거나 떼어낼 수 있습니다. 사랑하는 아빠의 억센 두 팔에 안긴 아이는 좋은 의미의 압력을 느낄 수 있습니다. 하지만 자신의 의지에 반해 압박받고, 죄어지거나 밀쳐질 수도 있습니다. 때로는 우울하게 될 때까지, 더는 감정을 생생하게 느낄 수 없고 일어서는 것조차 엄청난 힘이 필요한 때까지, 아주 오랫동안 아이들은 무시당하고 억압당하고 굴욕당할 수 있습니다. 이때 아이는 자신을 높이려 하거나 '단지' 자신이 무너지지 않기 위해, 다른 사람을 억압하고 능욕하는 걸 배우게 됩니다. 아이가 경험하면서 만나는 모든 것, 그것이 안정, 존중, 안전이든 아니면 독선과 굴욕 같은 경험이든, 이 경험들은 아이가 느끼는 감정적 삶에 짙은 인상을 남깁니다. 감정을 표현하는 능력에 오랜 시간을 두고 영향을 미치게 됩니다. 힘을 가하고 그 힘을 느끼는 것이 어떤 결과로 발전하든, 이 같은 접촉도 감각의 대면입니다.

밀어내는 움직임의 반대는 끌어당김입니다. 여기에도 다양한 정서적 경험이 숨어 있습니다. 아이가 어떤 대상에 흥미와 호감을 느낀다면, 이는 대개 호기심이나 자기 효능감과 유사한 감정과 연결되어 있습니다. 예를 들어, 아빠에게 번쩍 들려 잠시 팔이 흔들리고 다리가 땅 위로 잠시 떠올려질 때 아이는 재밌다고 느낍니다. 그런 경험 덕분에, 차가 다니는 위험한 대로변에서 사랑하는 강아지와 어린 동생이 앞서 혼자 달려가는 행동을 끌어당겨 제지할 수 있게 되고, 또 그런 행위를 통해 자신이 쓸모 있게 자랐다고 여깁니다. 그러나 아이가 원치 않는 감정적 끌어당김도 있습니다. 아이가 원하지 않는 무언가에 끌려가게 되면, 예를 들어 폭력적인 분위기, 부모의 다툼 등에 아이가 휩쓸리게 되면, 아이의 마음과 감정에 균열이 생깁니다. 아이는 부모님이 서로 사랑하기를 원하고, 또 벌어진 일에 대한 책임이 자신에게 있다고 느끼기 때문입니다. 반면에, 아이를 밝게 빛나게 하는 행복으로 여기며 서로에 대한 연대감과 존중을 나누는 부모 밑에서 자라난 아이는 신뢰라는 감정을 경험합니다.

 많은 이들이 다른 사람들에 의해 압력을 느끼고 압박감에 시달립니다. 어떤 사람들은 다른 사람들에게 압력을 가하기 싫어서, 요구하는 것조차도 두려워합니다. 또 어떤 사람들은 가해지는 압력이 없는데도 '심한 압박감'에 시달립니다. 아이도 마찬가지입니다. 대개는 부모가 가하는 요구에 헤아릴 수 없는 압박감을 느낍니다. 아직 없었거나, 또 언젠가 있을 가능성이 큰 요구로 압박감에 시달립니다. 그래서 아이는 부모가 바라는 기대에 초점을 맞춥니다. 부모가 원하는 대로 얌전히 행동하고, 좋은 점수를 얻고, 이것저것 요구를 충족시키려고 하죠. 그런데 이러한 종류의 압박은 어른과 아이 모두에게 고통을 가하고 건강을 해칠 수 있습니다.

이와 관련해, 우리는 항상 일관된 관점을 유지합니다. 이른바 압박감을 (사랑의) 압력으로 대체하라는 것입니다. 즉 아이가 압박감을 느끼고 고통을 겪고 있다는 사실을 알게 되면, 꼭 안아주겠다고 아이에게 표현해야 합니다. 이는 부모와 아이 모두에게 확실히 좋은 일입니다.

아이는 그들이 느끼는 압박감을 잘 표현하지 않습니다. 특히 성공하려면 다른 사람의 감정에 적응해야 한다고 느끼거나 확신할 때, 그런 현상이 더 두드러집니다. 그런데 이것은 또 다른 압박을 만듭니다. 이른바 적응 압박입니다. 적응 압박은 자기 감각의 정상적인 발달을 막습니다. 이때는 아이 스스로 압력을 막기 위한 대응 수단이 없으므로, 부모나 교사가 아이에게 다른 감정이 함께 공존할 수 있으며 환영받는다는 사실을 알려주는 것이 중요합니다. **아빠에게 스트레스가 있다고 해서 아이에게도 스트레스가 있어야 하는 것은 아닙니다. 선생님이 슬퍼도, 아이는 기뻐해도 되고 즐거워해도 됩니다. 또 어린 여동생이 두려워하므로 모두가 두려움에 떨어야 하는 것도 아닙니다.** 다양한 감정이 공존할 수 있다는 사실은 아이에게 압력이 가해지는 상황을 피하게 하거나, 최소한 멀리할 수 있게 할 수 있습니다. 적어도 아이를 위축되게 만드는 위협적인 상황, 삶의 활력을 방해하는 상황을 아이가 잠시 벗어날 수 있기만 해도 도움이 됩니다. 아이들은 어른들이 보호해야 할 대상입니다. 아이가 과도한 압박감에 노출되었을 때 부모와 교육자는 아이의 존엄과 감정 세계를 보호해야 하는 수호자라는 사실을 반드시 기억해야 합니다.

기댐, 의지와 대면하기

갓 태어난 어린아이가 엄마의 팔에 기대고 품 안으로 파고들면, 이를 쳐다보는 것만으로 평온함 같은 깊은 공명이 일어납니다. 엄마의 품 안에 파고든 아이의 모든 근육은 긴장이 풀립니다. 엄마와 아이의 이 같은 공명은 깊은 신뢰에서 비롯된 것입니다. 그러다 아이가 제법 나이를 먹기 시작하면 이런 모습을 발견하기 어려워집니다. 어른이 되면 이런 모습이 낯설게 느껴지고, 동시에 그리움의 대상이 되기도 합니다.

몸을 기대는 행위의 섬세한 특성은 다양한 사람과의 관계 속에서 잘 드러납니다. 아이가 부모의 어깨에 머리를 기대고, 몸에 어깨와 등을 기대거나, 이마를 맞대는 등의 기대는 행위는 매우 '상호적'입니다. 이는 둘 사이, 즉 부모와 아이가 서로를 존중하고 신뢰, 위로, 따뜻함과 비슷한 감정을 서로 받아들이고 허락할 준비가 되어 있을 때만 가능합니다.

어떤 아이는 거절하는 것보다 거절당하는 것에 더 익숙합니다. 거절당하는 것, 즉 거절된 느낌은 일시적으로나마 자기 신뢰, 소속, 긍지, 기쁨과 같은 감정과 삶의 활기를 위축되게 합니다. 반복적으로 거절당하면 무언가 잘못했다는 느낌 이외에도 자신이 잘못되었다는 확신을 불러일으킵니다. 믿는 사람에게 기대고 싶지만 거절당하면, 다른 사람에게 기대는 일을 주저하고 더는 기대려 하지 않게 됩니다.

아이가 무언가를 잃게 되고 남들에게 받아들여진다는 확신을 잃게 되면, 아이는 상실감, 거부감, 무력감으로 둘러싸입니다. 이때 아이에게는 지탱할 수 있는 지지가 절실합니다. **만약 아이에게 기댈 수 있는 사람이 있다면, 아이는 부정적인 감정을 이겨낼 큰 버팀목을 얻게 됩니다. 지지를 얻고 기댈 수 있다는 것은 불안하고 두렵게 하는 감정을 떨쳐내는 데 큰 힘이 됩니다.** 경험적으로 보면, 이미 상처받은 아이가 다시 기댈 수 있도록 부모가 할 수 있는 역할은 제한적입니다. 하지만 부모는 아이의 감정 세계에 여백과 휴식의 공간을 만들어줄 수는 있습니다. 특히 슬픔, 여유, 평온, 수용, 그리움 같은 따뜻하고 다채로운 감각과 만날 수 있도록 돕는 데 부모보다 더 나은 적임자는 없습니다.

* 이 글을 마치면서 한마디 덧붙입니다. 아이들의 감정 세계를 이해하고 존중하는 데 '감각의 대면'은 의미 있는 개념입니다. 아이들, 특

히 중압감에 힘들어하고 시달리던 아이들과 함께한 과정을 겪으면서 이에 대한 다양하고 좋은 경험을 할 수 있었습니다. 하지만 서로 좋은 감정으로 함께 살기 위해서는 일상적인 생활에서 끊임없이 이루어지는 다양한 '감각의 대면'에 주목해야 한다고 믿습니다.

이제 할아버지, 할머니 나이가 된 지금 생각해보면, 우리가 우리 아이들과 함께 생활할 당시에 감각의 대면 개념이 아직 적용할 단계가 아니었다는 점에서 상당히 아쉽습니다. 당시에 이 개념을 효과적으로 적용할 수 있었다면, 우리가 맞닥뜨렸던 다양한 어려움과 문제들을 다르게 해결할 수 있었을 것입니다. 어쩌면 '더 간단하게' 그리고 더 행복하게 해결할 수 있었을지도 모릅니다. 아이의 존엄성, 자존감과 관계의 존중이라는 의미에서 아이의 감정 세계에 관심이 있는 사람에게 이 글이 유용하기를 바랍니다.

이 글을 썼던 2020년 11월은, 코로나의 유행으로 모두가 신체적인 접촉이 위협받는 상황이었습니다. 그래서 우리의 안전과 건강을 위해, 간단히 말해 우리의 삶을 위해 감각의 대면이 얼마나 중요한지를 깨달을 수 있었습니다. 또 감정 세계가 우리가 사회적 관계를 맺고 사는 방식에 좌우된다는 것도 확인할 수 있었습니다. 이같이 신체적인 접촉의 가치를 다시 평가할 수 있었다는 점은 한편으로 코로나의 긍정적인 면이기도 했습니다. 신체적인 접촉을 하지 못했지만, 영혼의 접촉은 가능했던 시기였습니다. 말하자면 시선으로 포옹할 수 있고, 목소리로 온기와 평온함을 전달할 수 있었습니다. 그리고 함께 그림을 그리고 함께 무언가를 형성하고 만들면서 소속감이라는 분위기를 만들 수 있었습니다. 그와 더불어 자신과 다른 사람 그리고 세상에 대한 신뢰의 기본적인 감정을 아이에게 줄 수 있었습니다. 신뢰의 기본적인 감정은 사실상 아이들이 받아야 할 권리가 있는 선물입니다.

감정의 가면

아이가 '감정을 속일 때' 일어나는 일들

아이는 자신의 감정을 솔직하게 날것 그대로 드러냅니다. 그것 말고 달리 방법을 모르기 때문입니다. 그러다 조금 더 시간이 흐르면 거짓말을 배웁니다. 이 시기, 아이는 감정을 드러내지 않을 뿐 아니라, 가면 뒤로 숨기기까지 합니다(물론 나쁜 의도에서 비롯된 행동은 아닙니다). 그런데 이는 아이가 곤경에 처했다는 표현일 수 있습니다.

따라서 아이가 느끼는 감정적 어려움을 이해하고 해결하려면, 먼저 '가면'의 실체를 파악하고, 그 아래 숨어 있는 아이의 진짜 감정을 알아차리는 것이 중요합니다. 이때 몇 가지 징후가 있습니다.

● 어떤 아이는 습관적으로 복통을 호소합니다. 먼저 떠올릴 수 있는 원인은 아이가 학교나 유치원에 가고 싶지 않아서일 겁니다. 이런 경우, 복통은 월요일에 빈번하게 일어납니다. 가족과 함께 보낸 주말 뒤 월요일은 아이뿐 아니라 부모도 힘듭니다. 이때의 복통은 이러한 불편한 상황을 없애거나, 적어도 미루고 싶어 하는 자연스러운 신체적인 반응입니다. 물론, 확실해지기 전까지는 다른 신체적인 증상처럼 의학적으로 진지하게 받아들이고, 검사를 통해 원인을 밝혀야 합니다. 심각하고 만성적인 질병이 원인일 수 있기 때문입니다. 정황상 '꾀병'으로 추정되어도 복통이 아이의 감정적, 신체적 체험에서 시작된 통증일 수 있으므로 절대 무시해서는 안 됩니다. 동시에 감정의 가면일 수 있습니다. 복통이 학교에 가고 싶지 않다는 단순한 '등교 거부'의 표현에 불과할 수도 있지만, 어쩌면 학교에서 일어났거나 일어날 어떤 것에 대한 두려움의 표현일 수 있습니다. 학교에서의 따돌림, 수치, 폭력, 무시, 배제, 무기력의 감정 등을 드러낸 것일 수 있습니다. 복통이나 이와 유사한 불편한 느낌, 불편함의 표현은 또한 과중한 부담의 신호이기도 합니다.

학교와 직접적인 관련이 없을 수도 있습니다. 아이 자신도 '하기 싫은 것 자체가 복통의 원인이 될 수 없다'는 사실을 잘 알기 때문에, "하고 싶지 않아"라고 직접 말할 자신이 없어서 우회적으로 표현한 것일 수 있습니다. 마찬가지로 '부담'이라는 단어를 알지 못하거나 과중한 부담이 단지 모호하게 느껴져서일 수도 있습니다. 예를 들어, 가족 사이에 무언가 문제가 있다는 사실을 어떻게 표현해야 할까요? 또 혼자 있지 않은 상태에서도 버려진 느낌이 든다면 이를 어떻게 표현해야 할까요? 이럴 때는 어딘가 아파서, 즉 '뱃속'에서 일어난 통증으로써 설명할 수 없는 상황을 전하고 있다고 이해해야 합니다. 이는 궁여지책에서 나온 거짓말이라고 할 수 없습니다. 거짓말은 일종의 의도를 전제로 하기 때문입니다. 이때 (적어도 처음에는) 아이의 거짓말에 책임을 추궁해서는 곤란합니다. 앞서 말했듯이 아이의 언어로는 모호하고 말로 표현할 수 없는 느낌이나 감정에 대한 표현일 수 있기 때문입니다. 꾀병이라는 '사실'을 지적하는 것도 좋지 않습니다. 이 경우, 아이의 감정은 불안하고 혼란스럽습니다. 따라서 아이의 복통을 숨겨진 감정의 신호로 진지하게 받아들이고, 대화를 통해 "네가 배가 아프다는 걸 알아. 그런데 왜 그런거야? 혹시 무슨 일이 있었어?"와 같은 질문이 도움이 됩니다. 이 질문은 복통이라는 가면 아래에 숨은 감정, 즉 '원래' 감정을 찾을 단서가 될 수 있습니다.

● 때로 아이는 감정을 거짓 '이야기'로 꾸며 감추려고 합니다. 부모의 기준으로 보면, 일종의 궁여지책으로 하는 거짓말의 영역에 있는 것들입니다. 오랜 경험으로 보면, 아이들이 털어놓는 거짓 이야기 속에 자주 등장하는 위장된 감정 뒤에는 수치심이 있습니다.

열두 살 레베카는 2년 전부터 승마 외에 그 어떤 것에도 관심을 두지 않았습니다. 부모님은 경제적인 어려움에도 승마 수업을 시켜주었고, 승마용 장화와 승마 모자까지 사주며 레베카를 지원했습니다. 그리고 그렇게 아이가 원하는 대로 승마를 시켰습니다. 그런데 요즘 들어 레베카의 태도가 조금 바뀌었습니다. 그녀는 승마와 관련한 것들, 특히 승마장에서의 갈등과 경쟁, 게다가 말 소유주들의 거만한 태도를 경험한 뒤로 승마가 그녀에게 과중한 부담이라는 사실을 깨달았습니다. 하지만 더없이 좋은 부모님께 어떤 형태로든 '실패'했다고 고백하는 것이 부끄러웠습니다. 결국에는 마구간에 가고 싶지 않다는 속내를 다른 '이야기'로 감춰 부모에게 설명했습니다. 한번은 승마하러 가야 함에도 방학 기간에 친구가 오기로 했다며 집에 있겠다고 했습니다. 다른 한 번은, 말이 아파서 승마를 할 수 없다는 연락을 받았다고 했습니다. 그리고 그 다음번에는 집으로 돌아와 활짝 웃는 얼굴로 "오늘, 승마가 정말 재밌었어"라고 말했습니다. 물론 그녀의 말은 거짓말이었습니다(레베카의 부모님은 그녀의 이야기를 진심으로 믿었습니다). 그러다 우연한 기회에 그녀의 거짓말이 드러났습니다. 결국, 레베카는 폭발했습니다. 그녀가 숨겨왔던 압박감, 난처함, 수치심이 한꺼번에 터져버렸기 때문입니다.

아홉 살 테오는 또다시 선생님에게 깊은 마음의 상처를 입었습니다. 같은 반 아이들 앞에서 자신의 부모님에 대한 말을 꺼내어 수치심을 주었습니다. "어제 버스 정류장에서 너희 아빠를 봤단다. 아빠는 정말 부지런하시더라. 네가 조금이라도 아빠를 닮으면 좋으련만…. 너희 엄마는 아직 일 안 하시고 집에 계시지? 숙제할 때 엄마가 잘 안 도와주시니? 혹시 글을 못 읽으셔?"라고 공개적으로 언급했습니다. 테오는 누구보다 부모님을 사랑하고 존경하는 아이입니다. 마음에 깊은 상처를 받았지만, 학교에서 있었던 수치스러운 일을 부모님께 말하지 않았습니다. 무의식중에 그는 부모님을 창피스럽게 하거나 상처를 주고 싶지 않았습니다. 부모님을 위해 수치심을 숨겼습니다. "오늘은 정말, 국어 말하기 시간에 내가 가장 잘했어. 선생님이 또 칭찬하시더라고. 다른 아이들도 질문에 답해야 하니까 나보러 너무 많이 대답하지 말라시더라고…. 선생님이 그러시는데, 내가 지금처럼 계속하면 좋은 고등학교에 갈 수 있을 거래"라고 말했습니다. 테오는 수치심 대신에 부모가 자랑스러운 감정을 느낄 수 있도록 이야기를 꾸며 들려주었습니다. 이는 테오가 자신의 정체성과 자존감뿐 아니라 부모님의 정체성과 자존감까지 지키려는 아이다운 거짓말입니다.

만약 아이가 자신의 감정을 드러낼 수 없거나 혹은 드러내고 싶지 않다면, 아이는 지금 온 힘으로 감정을 통제하며 자신을 지키려는 중일 수 있습니다. 그런 아이의 표정과 몸은 뻣뻣하게 경직되거나 얼어붙은 듯 굳어 있습니다. 감정을 드러내지 않고 숨기기 위해 통제하는 일은 어른도 힘듭니다. 감정의 흐름을 거스르는 강요된 통제이기 때문입니다. 이 압력이 심해지면 종종 가족까지도 통제하려고 행동합니다. 이때의 통제는 의식적 행위(일종의 루틴)에서 눈치챌 수 있습니다. 아이들은 먹고, 입고, 놀고, 공부하는 등의 생활 속에 자신만의 의식과 절차가 있습니다. 이 의식적 행위를 통해 자신만의 안전하고 친숙한 정서를 조성합니다. 그런데 자기만의 의식적 행위를 지나치게 고수하려 하고 조금의 변화도 용납하지 않는다면, 이는 아이가 강요된 통제 상황에 놓인 징후일 수 있습니다. 강제적으로 한 치의 오차도 없이 진행하고 싶은 의식적 행위 안에서 부모의 사랑과 애정을 다시금 확인받고 싶은 것인지도 모릅니다. 말하자면, 부모의 사랑을 잃을지도 모른다는 위험이 분위기로 감지되면, 의식적 행위를 통해 사랑을 확인받으려고 합니다. 이 감정이 충족되지 못하면 불면증처럼 전에 볼 수 없던 징후들이 발견되곤 합니다. 물론, 이것들 말고도 다양한 강요된 통제 상황이 있을 수 있습니다. 이성 친구가 떠나서 절망스럽다던가, 무언가 다른 압력이 참을 수 없이 고통스러울 때도 나타납니다.

부모는 이를 신호로 눈치채야 합니다. 이러한 '강요된 통제'에는 갈 길을 잃은 두려움이 숨어 있습니다. 어쩌면 두려움을 표현해서는 안 되는 분위기 탓일 수 있습니다. 두려움이 너무 거대해서 두려움에 맞서 두려움을 극복하기에 너무 무력해서 어찌할 바 모른 것일 수 있습니다. 언젠가 두려움을 표현했지만, 누구도 들어주지 않아 보호받지도 위로받지도 못했던 기억이 자리 잡고 있는지도 모릅니다. '두려움'이 부끄러운 것이라 배웠고, 또 그렇게 여기고 있는지도 모릅니다. 여기에 더해 가정, 유치원, 학교 분위기가 무거워 숨쉬기 어려운 환경, 말하자면 활동의 자유가 제한되는 분위기에서 비롯한 것일 수도 있습니다.

스스로 통제해야 할 필요성이 있다고 느끼는 통제 강요의 감정은 이처럼 다양한 근원을 가집니다. 두려움은 통제 강요 뒤에 숨어 있는 감정 중 가장 빈번한 감정이지만, 또한 슬픔, 외로움, 분노도 종종 통제 강요의 배후에 숨어 있습니다. 유스프는 할머니가 큰 병에 걸려 어쩌면 돌아가실지도 모른다는 사실이 매우 슬펐습니다. 하지만 집안의 맏아들인 유스프는 '어린 남자'답게 슬픔과 근심으로 가득한 엄마를 더욱 힘들게 하지 않으려고, 자신의 슬픔을 감췄습니다. 그러고는 '시간'을 통제하기 시작했습니다. 자신과 엄마 그리고 어린 동생들에게 엄격해졌습니다. 단 1분의 오차도 허락하지 않으려 했습니다. 절망감, 미래에 대한 두려움, 슬픔, 사랑의 욕구에 할애할 시간은 없었습니다.

이런 관점에서 보면, 다른 것보다도 더 섬세한 도움이 필요한 아이도 더러 있습니다. 예를 들어 자폐증이 있는 아이들에게는 극히 개인적인 특성 외에도 공통으로 가지고 있는 특별한 신경세포 구조가 있습니다. 이 아이들은 반복적으로 안전감을 확인해야 합니다. 자폐가 아닌 아이들의 세계에서 잘 해내려면, 안전감이 필요합니다. 이들 대부분은 깜짝 놀란다거나 강한 변화를 견디지 못하므로 대개는 회피하려는 성향을 보입니다. 무언가를 즉석에서 즉흥적으로 해야 하는 상황, 즉 당황스러운 상황에 놓이면 표정이 굳고 경직된 듯 보입니다. 느끼는 감정을 없는 것으로 위장하는 법에 익숙하지도 않고, 또 여느 아이들처럼 통제 강요로 전환할 수도 없습니다. 따라서 이러한 아이들은 독특하고 잘 드러나지 않는 특성의 감정적 언어를 함께 찾을 수 있는 부모와 교사가 필요합니다.

아이가 세상의 빛을 보게 되면, 아이는 공감 능력과 풍부한 감정 능력을 갖추게 됩니다. 자신을 사랑스럽게 대하는 사람을 끌어당기는 아이의 첫 웃음은 이러한 공감의 표현이고, 부모가 보여준 웃음을 있는 그대로 거울처럼 보여주는 표현입니다. 하지만 아이가 끊임없이

웃으며 뛰어다니고 항상 즐거운 것처럼 보인다면, 이 또한 의심할 만한 일입니다. 낙천적인 아이도 화나고 슬프고 불행한 상황과 감정 상태에 빠질 수 있기 때문입니다. 항상 즐거운 아이도 다르지 않습니다. 아이가 화, 분노, 불행한 감정 등을 전혀 드러내지 않는다면, 아이는 감정을 숨기는 것입니다. 부모는 기쁜 아이의 얼굴을 볼 때 기뻐합니다. 하지만 끊임없는 웃음과 상냥함은 어쩌면 다른 감정의 가면일 수 있습니다. 이 경우에도 원인이 아이의 성장 배경과 인격만큼이나 다양하므로 각각 개별적으로 밝혀야 합니다. 아주 전형적인 예는, '햇살'과도 같은 존재로서 유지하기 위해 주어진 과제를 항상 수용하기만 하는 아이입니다. 어린 동생의 죽음이나 부모의 이혼, 또는 사망으로 부모 한쪽을 상실해 생긴 가족 내의 쓸쓸하고 무거운 분위기를 밝고 즐겁고 쾌활하고 가벼운 분위기로 바꾸려는 아이가 아주 '전형적인' 예입니다. 이런 행동이 만성화되고 감정이 침묵하게 되면, 언젠가는 삶의 생동감, 즐거움과 가벼움 대신에 무거움이 아이의 인생을 지배할 것입니다.

열한 살 산드라는 야심만만한 성격의 아이입니다. 학교에서 항상 최고 점수를 받아야 하고, 운동할 때는 가장 빨라야 하며, 무엇이든 가장 능숙한 아이여야 합니다. 배구를 할 때면 가장 중요한 사람이어야 하고, 댄스 동호회에서도 항상 1등 자리를 차지해야 직성이 풀립니다. 게다가 아이는 좋은 성적을 거두고, 최고가 되려고 항상 열심히 노력합니다.

열심히 노력하고 적극적으로 참여하는 것은 아무런 문제가 아닙니다. 또 부모와 교사도 아이의 이런 모습을 지원해야 합니다. 그런데 야심과 고단한 노력만이 아이 삶의 질을 결정한다면, 이는 또한 '가면'일 수 있습니다. 이 가면 뒤에는 다른 감정이 숨어 있습니다. 산드라의 야심은 첫째 여동생이 태어났을 무렵인 일곱 살이 되었을 때 시작되었습니다. 1년 후 동생이 하나 더 태어났을 때는 이미 야심만만함이 산드라의 성격 일부가 되어 있었습니다. 산드라는 뒤로 밀려난 느낌이 들었습니다. 집안의 모든 것이 동생들 중심이었습니다. 산드라는 실망했고, 슬펐고, 화가 났고, 또 감정을 어찌해야 할지 몰랐습니다. 부모님도 힘들고 지친 듯이 보였습니다. 적어도 겉으로는 아이가 잘 지내는 듯 보였기에, 부모님은 보이는 모습 뒤에 숨어 있는 '큰 아이'의 욕구를 감지하지 못했습니다. 산드라는 마치 자동차의 스페어타이어처럼 트렁크에 방치된 느낌이 들었습니다. 어쩌면 산드라의 야심만만함은 관심을 끌고 인정받기 위한 과정에서 생겨났을 수 있습니다. 그런데 이러한 시도는 실패가 자명합니다. 물론 다른 이유에서일 수도 있습니다. 하지만 그게 어떤 이유였든 산드라의 야심만만함은 모든 진짜 감정을 감추는 기능을 했을 뿐입니다.

감정의 '검은 가면'을 이해할 때 두 가지 측면을 주목해야 합니다. 그중 하나는 '과잉'된 감정이며, 다른 하나는 '교환'된 감정입니다.

아이가 과도하게 화를 낼 때, 아이는 각각 상황에 따라 화가 난 정도를 드러낼 이런저런 표현 형태를 찾습니다. 아이에 따라 표현의 강도가 약할 수도 강할 수도 있습니다. 하지만 분노가 금방 사그라지지 않거나, 분노를 일으킨 원인에 비해 지나치게 큰 분노를 표현한다면, 이 감정 표현은 '과잉'된 감정으로 유심히 살펴야 합니다. 이는 슬픔, 그리움, 질투와 두려움 등 다른 모든 감정에도 해당합니다.

감정에는 기준이 없습니다. 아이도 마찬가지입니다. 슬픔이 얼마나 커야 하고 또 얼마나 클 수 있는지, 감정에 관한 객관적인 기준은 없습니다. 하지만 부모는 굳이 이런 객관적인 척도가 없더라도 아이가 드러내는 감정의 미세한 차이, 이를테면 감정 표현이 평상시보다 강한지, 또 의미를 둘 부분이 있는지 등을 감지할 수 있습니다. 이 차이는 표현된 감정에 다른 감정이 섞여 있거나, 그 이면에 다른 감정이 숨어 있다는 암시일 수 있습니다. 예를 들어, 감당할 수 없는 무력감이나 두려움, 또는 쓸모없다는 감정 등이 표현된 감정 뒤에 숨어 있을 수 있다는 말입니다. 따라서 이러한 '과잉'된 감정을 감지하거나 예감할 수 있다면, 이는 뒤에 숨어 있는 감정을 찾는 일에 매우 유용합니다.

'교환'된 감정도 주목해야 합니다. 여기서 말하는 교환은 상점에 가서 "이 감정 대신에 다른 감정으로 주세요"라는 식의 말처럼 의식적으로 일어나지 않습니다. 의식적이지 않고, 무의식적으로 이뤄집니다. 예를 들어 아이가 어떤 감정에 휩싸인 채 혼자 있고 버려진 느낌이 들면, 아이는 이 감정을 참을 수 없게 됩니다. **자신의 슬픔을 아무도 봐주지 않고 위로받지 못했다고 느끼는 아이는 견딜 수 없는 슬픔을 무의식적으로 다른 것, 이를테면 공격성, 질투나 두려움으로 바꿉니다.**

따라서 아이가 감정을 표현할 때, 아이가 감정을 어떻게 표현하는지 주의 깊게 관찰해야 합니다. 가면 뒤에서 감정은 자신의 진짜 모습을 드러냅니다. 아이가 무의식중에 공공연하게 드러내는 감정이 '진짜'입니다. 그리고 가면 뒤에 숨어 있어도, 적어도 자세히 들여다보면 아이의 숨겨진 감정 세계가 어떤지 어느 정도 인상을 받을 수 있습니다. 부모가 아이에게 호의적이고, 애정을 쏟고, 마음을 열고 공감할 때, 아이는 그런 부모를 믿고 풍부한 감정과 다양한 관계 경험을 할 수 있는 대안을 찾으려고 손을 내밉니다.

아이가 '감정에 갇힐 때' 일어나는 일들

풍부한 감정은 아이가 세상에서 제자리를 찾는 데 도움이 됩니다. 감정을 표현하는 방식과 방법은 다채롭고 아이마다 개별적이고 다릅니다. 감정으로 상처 입을 수 있다는 것 자체는 문제가 아닙니다. 감정이 주는 고통은 일시적이어서 항상 왔다가 다시 사라집니다. 그런데 문제는 아이가 느껴지는 감정을 숨긴다는 것입니다. 그렇게 되면 느낌을 표현하는 방식이 제한되고, 감정 표현의 폭이 줄어들게 됩니다. 이는 결과적으로 세상에서 방향을 잡고 활동할 운신의 폭도 줄어들게 만듭니다. 아이는 자신의 감정을 숨길 때 어떤 모습을 보일까요?

때로 아이의 정서적인 과정은 중단됩니다. 그러면 아이는 감정을 소화하지 못하기 때문에 좀처럼 이 감정에서 벗어날 수 없습니다. 이를테면, 슬픔은 끊임없이 이어지는 파도처럼 인생을 사는 내내 겪는 감정입니다. 최고조에 이르다가 점점 잔잔해지고, 다시 상승하길 반복합니다. 어쩌면 과거에 경험했던 것보다 더 높이, 더 올라갈 곳이 없는 높이까지 치솟을 수도 있습니다. 그러다가도 점점 가라앉을 겁니다. 또 어떤 특정한 사건이 일어나면 파도는 다시 일어나고 힘을 얻을 수 있습니다. 하지만 결국에는 서서히 잦아들게 됩니다. 이런 슬픔의 과정을 경험하는 것, 이것은 일종의 이별을 받아들이고 내려놓는 과정입니다. 이러한 과정이 중단되면, 아이는 슬픔 속에 갇히게 됩니다. 그래서 아이는 아주 오랫동안, 때로는 평생을 슬픔이라는 감정과 함께 살게 됩니다. 어떨 때 아이는 슬픔 속에 갇히게 될까요? "이제 그만해, 충분히 울었잖아!"와 같이 감정 표현을 충분히 하지 못하게 했을 때입니다. 이런 종류의 말은 사실상 슬픔을 지속하라는 초대장이나 다름없습니다. **우리의 경험에 따르면, 지금 당장은 감정에 갇혀 있다는 사실을 인정하고, 앞으로 감정이 금지되지 않고 자유롭게 표현될 수 있다고 믿을 때 갇혀 있는 감정에서 벗어날 수 있었습니다.**

아이들은 무거운 감정을 지닌 채 혼자 있게 될 때, 감정을 숨길 수 있습니다. 일어난 일이 모두 자기 탓인 듯이 느껴지고, 이러한 감정을 나눌 사람이 없는 아이는 다양한 종류의 죄책감을 느끼면서 새로운 감정을 받아들일 기회를 잃습니다. 수치심을 나눌 수 없는 아이는 치욕감에 사로잡히고, 그 치욕은 평생 아이를 따라다닙니다. 이외의 다른 감정들도 마찬가지입니다. 배신당한 느낌에서부터 아무것도 할 수 없다는 무력감까지, 또한 외로움과 슬픔 그리고 분노까지. 이럴 때는 반드시 아이가 믿고 따를 수 있는 어른이 아이와 함께 감정을 전환할 방법을 찾아야 합니다. 외로움 속에 숨어 있는 감정은 명백히 겉으로 드러나야 합니다. 그래야만 이 감정이 힘을 잃습니다.

아이들은 겪고 있는 감정이 참을 수 없거나 그 체험을 더는 견딜 수 없게 될 때 감정을 다른 감정으로 교환하려고 합니다. 이에 관해서는 이미 언급한 바 있습니다. 예를 들어, 아이는 어떤 사람 곁에 가까이 있고 싶고 그의 보살핌을 받고 싶어 합니다. 또 자신의 마음을 따뜻하게 보듬어줄 수 있는 그의 손길을 원합니다. 그런데 좀처럼 이 그리움이 채워지지 않는다면 어떨까요? 그러면 아이에게 그리움은 전혀 소용없는 감정이 됩니다. 앞으로 내민 손에는 아무것도 잡히지 않습니다. 이러한 경험이 반복되면 점점 참기 어려워 그리움을 가능한 한 다른 감정, 이를테면 분노의 감정으로 교환합니다. 그 뒤로 가까이 있고 싶다는 바람이 느껴질 때면, 자연스럽게 그리움이 아닌 분노 감정이 나타납니다. 그때부터 팔을 내미는 이유는 폭력을 위해서입니다. 감정 교환 이전으로 되돌리기에는 좀처럼 쉽지 않습니다. 하지만 그리움이 다시 그리움이 되고, 아이가 내민 손이 공허함이 아닌 다른 사람에게 다다를 수만 있다면 원래 제자리로 되돌려 놓을 수 있습니다.

아이가 주체할 수 없는 감정을 피하는 또 다른 방법은 감정의 전반적인 강도를 낮추는 것, 이를테면 감정을 억누르는 것입니다. 어른들이 오랜 시간 아이의 감정에 대해 반응하지 않거나, 받아들이지 않고, 심지어 반응을 금지할 때, 아이들은 감정 표현을 억제합니다. 지루함과 같은 감정을 휴식과 여유로 경험하지 못하고 고통으로 경험하는 것도 감정을 억제하게 되는 원인이 됩니다. 또 과도한 학구열, 그 밖의 거짓말과 감추려는 듯한 행동도 이에 대한 다른 형태일 수 있습니다. 이때는 무언가에 매우 몰두해 있거나 사로잡혀 있어서, 아이에게 그 어떤 감정도 남아 있지 않은 상태가 됩니다.

때로는 하나의 감정이 다른 감정을 압도해버리기도 합니다. 우리가 서술했던 것처럼, 두려움은 매우 강해서 다른 감정들을 두려움에 물들게 하거나 심지어 모든 감정을 압도해버립니다. 대개 이러한 과정은 혼자 내버려졌으며, 스스로 극복할 수 없다는 구체적인 두려움에서 시작합니다. 그러면 이러한 두려움은 커지고, 감정 전체를 움켜쥐고, 모든 감정을 층층이 포개놓습니다. 이럴 때에는 두려움의 원인을 구체적으로 밝혀내야 합니다. 아이와 함께 위협적인 상황에 함께 대응해 보호하고, 두려움을 지닌 아이를 혼자 내버려두지 않는 등 가능한 한 방법을 찾아내야 합니다.

* 참고로, 이는 어떤 감정 속에 사로잡혀 있거나 휘말려 있는 상황을 보여주기 위해 우리가 일례로 선택한 감정들입니다. 아이들은 두려움 말고도 다른 어떤 형태의 감정에 빠져 있을 수 있으므로, 세심히 관찰해 감정에 맞게 대처해야 합니다.

아이의 감정으로부터
부모가 배워야 할 것들

"어린 시절부터 웃음을 잃어버렸어요. 집에 웃음이 없었어요. 엄마는 항상 아팠고, 아빠는 지쳐 있었어요. 웃음이 차단돼 있었어요. 아무도 함께 웃지 않았죠. 집안 분위기가 웃음의 싹을 아예 잘라놨어요. 어린 아이였을 때는 밖에서 놀 때만 몰래 웃어야 한다고 생각했어요. 집에 돌아오면 멈췄어요. 학교에서도 웃을 일이 없었어요. 전 진지한 아이가 되었어요. 나중에 내 아이들과 함께하면서 그제야 다시 웃는 법을 배웠어요. 물론 그 전에 아내와 함께하면서 조금 웃기는 했지만, 제대로 웃기 시작한 것은 아이들과 함께하면서부터예요. 함께 놀이할 때면 아이들이 웃어요. 아이들의 웃음이 나에게 전염되죠. 그러면 웃지 않을 수 없어요. 내 아이들은 나를 웃음으로 이끌어요. 얼마나 멋진 선물인지 몰라요. 아이들에게 정말 고마워요."

한 남자는 자신의 경험을 이야기합니다. 이 남자처럼 어린 시절에 무언가 잃어버린 것들을 아이를 통해, 자신을 통해, 또는 다른 사람들을 통해 되찾을 수 있게 되거나, 이미 되찾은 사람들이 생각보다 많습니다. 부모도 아이에게 배울 수 있습니다. 놀이하는 것을 배우고 잃어버린 감정과 풍성한 느낌을 아이에게서 되찾을 수 있고, 또 아이에게서 넘겨받을 수 있습니다. 이는 세 가지 측면에서 우리에게 의미하는 바가 큽니다.

● 첫째, 자신의 감정을 솔직하게 표현하는 법을 배울 수 있습니다. 장난감을 떨어뜨리면 망가집니다. 그러면 아이는 슬퍼합니다. 목 놓아 울어댑니다. 그 울음을 터뜨리려고 준비(?)하거나 시차를 두지 않습니다. 감정 표현이 자유로운 아이는 직접 그리고 즉시 감정을 드러냅니다. 바로 이 직접성이 감정의 생존권을 지키는 열쇠입니다. 감정을 갖고, 표현할 수 있게 하는 대뇌변연계 시스템을 가진 인간과 몇몇 동물 종들은 생존 가능성이 다른 종보다 큽니

다. 대뇌변연계 시스템은 오랜 진화에서 견고해졌고, 계속해서 독립했습니다. 이미 언급했듯이 감정은 인지하고 받아들이는 것 중에서 무엇이 중요하고 무엇이 중요하지 않은지를 결정하는 데 도움을 줍니다. 이런 맥락에서 감정은 의미가 큽니다. 이 외에도 감정의 기능은 생각보다 더 많습니다. 이를테면, 인지한 것을 행동에 옮길 수 있도록 하는 충동, 특히 즉흥적이고 직접적인 행동을 일으키는 동력으로 작용합니다.

두려움은 놀라 뒤로 물러나 주춤하게 하고 행동을 중단시킵니다. 그리움은 눈을 크게 뜨게 하고 팔을 내뻗게 합니다. 분노는 목소리가 높아지게 하며 주먹을 쥐게 하고 전투태세를 갖추게 합니다. 혐오는 몸에 좋지 않은 것을 내뱉게 합니다. 그리고 사랑은 끌어당기고 친밀하게 만듭니다. 이렇듯 감정은 우리의 행동, 특히 즉흥적인 행동에 영향을 줍니다. 사람들은 감정으로 다리의 안전율 따위를 계산할 수는 없습니다. 다만, 다리 저편으로 이동을 모색하는 '그리움'과 밀려 내려오는 물에 대한 '두려움'은 다리를 만들어야 한다는 열정을 불러일으킵니다.

감정은 어른과 마찬가지로 아이들에게도 즉흥적인 행동을

이끕니다(장기적인 행동에도 영향을 끼칩니다). 대개 어른들은 규범, 규칙, 괴로운 경험 또는 일방통행식 학교 교육 과정에서 즉흥적이고 직접적인 감정적인 표현을 잃었거나 제한받았습니다. 반면에 아이들은 (아직은) 그렇지 않습니다. 어른들은 바로 이 부분을 아이에게 배울 수 있습니다.

● 둘째, 감정의 일관성을 배울 수 있습니다. 사랑을 느끼면 오랫동안 꾸준히 사랑합니다. 그래서 친구에게 배신당했다는 느낌이 들더라도 여러 해 동안 말끔한 '절교'를 하지 못할 수 있습니다. 이러한 일관된 감정이 때로는 아이에게 짐이 됩니다. 가까웠고 중요했던 사람으로 인한 상실의 슬픔이 지속해서 영향을 줄 수 있습니다. 때로는 그 슬픔을 너무 부족하게 표현했거나 위로가 너무 부족해서일 수도 있습니다. 극심한 두려움은 수년 동안, 심지어 어른이 되어서까지 매번 또 다른 두려움을 불러일으킬 수 있습니다. 또는 일상적인 아주 '사소한' 두려움을 강화할 수도 있습니다. 어른들은 이러한 일관성을 알아야 하고, 이것이 단지 짐이 아니라 동시에 힘이라는 것을 인식해야 합니다.

아이들은 감정에 기회를 줍니다. 아이들은 감정에 따라 행동하고, 또 감정에 따라 인생을 살아갑니다. 자신의 감정을 믿을 수 있는지 없는지를 전혀 의심하지 않습니다. 그 감정이 발가벗겨져 수치로 여겨지지 않고, 그대로 느끼고 신뢰할 수 있는 한, 아이에게 감정은 자신의 사회적인 관계를 형성할 수 있는 일종의 근거와 같습니다. 이처럼 감정에 기회를 줄 수 있는 아이들의 용기를 어른들은 배울 수 있습니다.

●셋째, 감동과 호기심을 배울 수 있습니다. 어른들에게는 평범한 것, 당연한 것, 귀찮은 것, 방해되는 것들이 아이의 눈에는 감동의 대상이 됩니다. 아이들은 어른들에게 감동이란 무엇인가를 잘 보여줍니다. 그리고 또한 세상을 바라보는 다른 시각을 어른들에게 보여줍니다.

아이의 호기심은 말 그대로의 호기심입니다. 아이의 감동은 직접적이고 집중적입니다. 아이는 호기심으로 받아들이는 무언가를 향해 종종 큰 소리로 자신의 호기심과 공감을 표현합니다. 어른들은 아이가 놀라워하는 모습에서 우리가 감동하는 법을 잃어버렸다는 사실을 깨닫게 됩니다. 나이를 먹게 되면서 감동하는 일도 점점 더 줄어듭니다.

점점 더 빨라지고, 더 넓어지고, 더 커지고, 더 요란하고, 더 새로운 것이 흥미 있고 가치 있는 것이라고 아이에게 가르치면, 아이는 감동하지 않고 시선을 다른 곳으로 돌리려 합니다. 그런 의미에서 '특종'을 강조하는 미디어와 '기록'을 강조하는 기네스북은 감동과 호기심의 적이기도 합니다. 호기심과 감동에는 특종과 기록이 필요 없기 때문입니다. 세 잎 클로버를 보고도 감동할 수 있고, 새 깃털의 다채로운 색깔을 보고 기뻐할 수 있으며, 바다의 부서지는 파도를 보고 감동할 수 있습니다. 마찬가지로 사랑이 가득한 분위기 속에서 포옹해주는 것에 기뻐할 수도 있습니다. 심지어 자동차, 운동화와 그 밖의 다른 사소한 것에도 감동할 수 있습니다.

감동하는 법을 우리가 다시 배울 수 있다면, 이는 아이들이 우리 어른들에게 할 수 있는 아주 큰 선물 중 하나가 될 것입니다.

부록

아이가 감정을 느끼는 법을 배우고, 인생에서 자신의 길을 가는 길잡이로 활용하기 위해
무엇이 필요한지는 이미 이 책에서 여러 번 언급했습니다.
이번 부록에서는 앞에서 다룬 내용을 요약 정리합니다.
먼저, 감정을 잘 다루는 아이로 성장시키기 위한 5가지 원칙을 소개하고,
이어서 아이의 감정을 제대로 인정하기 위해 부모에게 필요한 5가지 원칙을 소개합니다.
이 원칙들이 완벽할 수는 없습니다.
다만 이 원칙들은 아이들의 정서 회복 과정과 상담 치료에서
빈번하게 등장했던 중요한 내용으로,
특히 아이가 자신의 감정을 다루는 데 있어서,
또한 부모와 교육자들이 아이의 감정을 편견 없이 받아들일 수 있도록
도움을 줄 것입니다.

감정을 잘 다루는 아이로 키우는 5가지 원칙

❶ 아이가 보내는 조용한 '신호'를 섬세하게 읽어야 합니다. 아이가 침묵하고 감정적으로 무관심한 듯 보일 때조차 아무것도 느끼지 않는다는 뜻은 아닙니다. 무관심한 표정 뒤 아이의 내면에는 감정 폭풍이 몰아치고 있을 수 있습니다. 아이들은 부끄러움, 두려움, 외로움, 절망 등 감정을 느끼면, 다른 사람들과 나눌 방법을 찾는 대신에 감추려고 합니다. 하지만 이런 감정들은 평소와 다른 표정과 태도 등의 미세한 변화로 드러나며, 이는 아이가 보내는 징후이자 신호입니다. 아이가 이러한 미세한 징후나 신호를 드러낸다면 이는 '관심을 보이고, 다시 질문해달라'는 일종의 초대입니다. 이러한 징후나 신호가 부모에게 간과되고, 또 그런 일이 반복되면 아이는 점차 마음을 닫고, 부정적 감정이 더 강화되어 보이지 않는 베일 뒤로 숨게 됩니다. 이렇듯 아이의 부정적 감정은 검은 옷을 입고 나타나듯 눈에 보이는 것이 아니라, 무작정 잠을 자거나, 입맛을 잃은 듯 보이거나, 아니면 흐리멍덩한 눈빛으로 드러낼 수 있습니다. 아이에게는 미묘하게 외치는 자신의 나

지막한 목소리를 들어줄 사람이 필요합니다.

❷ **아이의 감정을 있는 그대로 '존중'해야 합니다.** 아이는 슬플 때 슬퍼할 수 있고, 충분히 슬퍼해도 된다는 허락이 필요합니다. 지금 당장은 아이에게 손수건이나 곰 젤리가 필요한 게 아닙니다. 또 "누구나 겪는 일이야. 그리 심각한 일 아니야"처럼 단정적인 위로도 필요하지 않습니다. 지금 충분히 슬퍼해도 되고, 눈물, 분노, 절규뿐 아니라 다른 감정을 표현해도 된다는 허락이 필요합니다. 우리가 아는 한 무용 치료사는 이와 관련한 보고서를 제출한 바 있습니다. 보고서에 따르면, 무용 치료사는 네 가지 감정을 놀이하듯 몸동작으로 표현하게 한 다음, 해당 감정을 표현할 수 있는 별을 그리는 방식으로 감정 수업을 나흘간 진행했습니다. 그리고 수업이 끝난 후 아이들의 소감을 보고서에 남겼습니다. 예를 들어, 한 아이는 "어른들도 저희 같은 아이들이 사람이라는 점을 이해해줬으면 좋겠어요. 그리고 아이들을 다 같은 사람으로 대해줬으면 좋겠어요"라고 말했습니다. 이 아이의 말이 그 보고서의 요점이었습니다. 곧, 아이의 감정을 있는 그대로 진지하게 받아들이는 것입니다. 아이는 자신의 감정이 진지하게 받아들여질 때, 자신이 인격체로서 존중받고 있다고 여깁니다.

❸ **부모와 다른 감정을 느낄 수 있고, 그 감정을 '허락'해야 합니다.** 아빠가 낙담해 있고, 엄마가 슬프더라도, 아이는 기뻐해도 괜찮아야 합니다. 상대방이 존재한다는 건, 느낌을 공유할 수도 있지만, 때로는 서로 다른 감정을 느낄 수 있다는 말입니다. 이를 말로 표현하는 것은 매우 중요한 인정 행위입니다. 아이가 자신의 감정을 생생하게 펼칠 수 있도록 허락해야 합니다. 그러지 않으면 다시금 적응 압박이 스멀스멀 숨어들어올 것입니다. "부모님이 느끼는 무거운 감정만 느껴야 했어요. 그 우울감이 집 구석구석을 휘감았어요." 우리는 상담 과정에서 이러한 고백을 자주 경험했습니다. 예를 들어, 어떤 아이는 한쪽 부모가 매우 우울해서, 다른 삶에 대해 다른 감정 표현을 할 여유가 없었습니다. 하지만 부모의 감정과 별도로 아이는 항상 '햇살' 같은 밝은 존재여야 합니다. 아울러, 아이의 감정이 각기 다른 상황 속에서도 수용될 수 있다는 것이 아이에게 얼마나 값진 경험인지 이해해야 합니다.

❹ **감정 생활의 본보기로서 부모 먼저 자신의 감정에 솔직해져야 합니다.** 어느 날 한 내담자는 상담 사전 대화에서 자신이 회사 관리자로서 필요한 매우 높은 지적 능력과 전문성을 가졌음에도, 감정적인 능력이 매우 낮다고 고백했습니다. 그러고는 다른 사람의 감정을 알아

차리고 정서적으로 반응하는 법을 배우지 못했다고 토로했습니다. 어린 시절 겪은 감정 경험에 관해 묻자, "아무것도 없었어요. 우리 집에는 감정이란 게 없었어요. 아예 없었어요. 적어도 눈에 보이지 않았어요"라고 대답했습니다. 그는 어린 시절 정서적인 표현과 서로 감정을 주고받는 본보기가 없던 탓에, 그의 감정 또한 발달할 수 없었습니다.

감정에 관한 한, 아이에게 필요한 것은 가르침이 아니라 본보기입니다. 아이는 부모나 교사와 같은 어른들의 역할 속에서 자신의 감정을 어떻게 표현하는지를 보고 배웁니다. 아이는 부모한테서 자신을 표현하는 방법으로, 무엇이 올바르며 무엇이 가능한지를 배웁니다. 어찌할 바 몰라 무력감에 놓일 때 어떻게 표현해야 하는지 또는 분노를 어떻게 표현해야 하는지 그 방법을 아이는 부모에게 배웁니다. 화가 나서 싸우고, 그러고 나서 화해할 수 있다는 것을 부모에게 배웁니다. 사랑을 느끼면 가볍게 어루만지고, 쓰다듬어도 되며, 접촉할 수 있다는 걸 부모에게 배웁니다. 기쁨을 꼭 조용히 드러내야 하는 것도 아니며, 복권이 당첨됐을 때가 아니더라도 행복하게 웃어도 된다는 걸 부모에게 배웁니다.

부모는 아이에게 감정적인 본보기입니다. 부모가 본보기로 충분하지 않다면, 교사가 그다음 차례입니다. 그러나 이들도 충분하지 않다면 아이들은 텔레비전이나 만화에서 본보기를 찾습니다. 만일 부모가 다투고 화해하는 법을 보이지 않는다면, '톰과 제리(적어도 우리 세대에서는 이 만화를 보았습니다)'에서 다투고 공존하는 법을 배웁니다. 아이가 본보기로 받아들이려면 아이의 주변에 '사람들'이 아니라 '나'에 대해 말하는 어른이 있어야 합니다. '사람들'로 일반화시켜 말하는 모든 문장은 감정을 죽게 만듭니다. 이를테면 "사람들은 그렇게 흥분 안 해", "사람들은 이제 슬퍼하지 않아. 할머니가 돌아가신 지 벌써 일 년이나 됐어", "그런 거로 부끄러워하는 건 정말 멍청한 짓이야", "화를 낸다고 바뀌는 건 없어. 다 부질없는 짓이야" 같은 말들은 좋은 감정과 나쁜 감정을 구별 짓는 닫힌 표현입니다. 그리고 감정 표현을 다룰 때 특정한 감정과 특정한 형태를 높이 치켜세우고 다른 것들을 모두 깎아내리게 됩니다. 하지만 "슬퍼", "화가 나", "무기력해", "부끄러워" 같은 말은, 타인과 감정을 같이할 수도 달리할 수도 있는, 자신의 감정에 솔직한 열린 표현입니다. 또 타인의 감정과 자신의 감정 중 무엇을 우선시해야 하는지 자유롭게 결정할 수 있는 여백의 공간이기도 합니다.

❺ **부정적 감정으로부터 아이를 차단하려 하지 말고, 감정을 느끼게 하되 공감해야 합니다.** 공감은 함께 웃고 우는 것, 함께 있어 주는 것입니다. 우리는 공감을 통해 다른 사람과 함께 나눕니다. 공감은 쓸모 있음, 즉 자기 효능감을 체험할 수 있게 해줍니다. 아이가 고집을 피

우고, 슬퍼하고, 화를 내고, 외로워하는 때도 공감이 필요합니다. 그러나 흔히 아이의 동기부여를 위해 남발되는 "네가 최고야"라는 식의 분별없는 공감은 필요하지 않습니다. 아이에게는 진정성과 솔직함이 필요합니다.

아이는 때로 부모가 왜 그런 감정을 느끼는지 물어보곤 합니다. "왜 슬퍼?", "왜 화났어?" 우리는 어른으로서 감정과 감정의 발생 그리고 감정의 진행 과정을 가능한 한 투명하고 솔직하게 설명해주려고 노력할 수 있고, 또 그렇게 해야 합니다. 그러나 때로는 어디서 비롯되었는지 말할 수 없거나, 알 수 없는 분노나 화 같은 감정이 들기 마련입니다. 이럴 때는 먼저 아이에게 "솔직히 엄마도 모르겠어"라고 말하면 됩니다. 아이는 그런 감정이 어디서 비롯되었는지 지금은 알 수 없지만, 그런 감정을 느껴도 된다고 생각하며 자신의 감정에 너그러워집니다.

아이들은 음식과 음료수처럼 항상 함께하는 친근한 공감이 필요합니다. 만약 이러한 공감이 '묻혀'버리면, 즉 부모가 아이에게 화가 났다는 것을 말하지 않거나, 또는 부모가 자기 자신이 처한 감정적 어려움을 나누는 것을 미루려 한다면, 이는 감정적인 공감을 가로막고 마음의 문을 닫게 됩니다.

물론 부모가 자신이 느끼는 모든 감정을 아이에게 알릴 필요는 없습니다. 만약 '어른들'이 자신에게 너무 많은 감정을 표현하거나, 예를 들어 아이를 이혼한 부인이나 남편의 대리자로 여기거나, 감정적인 '쓰레기통'으로 취급하는 이런 상황에서는 아이가 정서적으로 큰 부담을 느낍니다. 하지만 상담으로 만난 사람들이 자신들의 어린 시절에 대해서 한 이야기를 들어보면, 공통적으로 부모들이 아이들을 특정한 감정으로부터 보호하려 했다는 사실을 발견할 수 있었습니다. 나쁜 감정으로부터 아이에게 보호막을 치면서 진심으로 아이가 행복한 모습을 보이기를 바랐지만, 애석하게도 결과는 정반대로 나타났습니다. 말하자면, 부모가 아이를 보호한다는 명목으로 보이지 않게 감추려 했던 나쁜 감정을 아이는 진공청소기처럼 빨아들였습니다. 정확히 말해, 은폐된 감정이 너무 '많고' 너무 '과했던' 것이 문제였습니다. 금기시된 감정은 특히 아이를 무기력하게 만듭니다. 아이는 이것을 분위기, 비유하자면 갈라진 틈 사이에서 풍기는 느낌으로 충분히 감지할 수 있기 때문입니다. 아이는 자신이 받아들인 이런 감정의 실체가 믿을 수 있는 것인지 의심스러워합니다. 또 이러한 감정에 대해 솔직하고 명확한 실체를 볼 수 없으므로 더 혼란스러워합니다. 따라서 아이에게는 솔직함과 진정성, 열린 감정 표현과 열린 감정에 대한 공감이 함께 필요합니다.

부모가 아이의 감정을 대할 때 생각해야 할 5가지 원칙

❶ **감정에 관한 관심, 즉 아이와 부모 자신의 감정에 관한 관심을 기울여야 합니다.** 아이와 자신의 감정, 이 둘은 서로 밀접한 관계가 있습니다. 부모가 자신의 감정에 무관심하면 아이의 감정에 관심을 가질 수 없습니다. 또 자기 자신의 감정을 무시하면 아이의 감정을 진지하게 받아들일 수 없습니다. 실제로 치료 과정에서 이런 연관성은 자주 발견됩니다. 부모는 아이의 특정한 감정에 문제가 발견되면 종종 "아이의 분노를 참을 수 없어요. 그런데 아이가 왜 분노를 느끼는 거죠? 아이에게 화를 내야 하나요? 아니면 내버려 둬야 하나요? 또는 그냥 꾹 삼켜야 하나요?"라고 묻곤 합니다. 하지만 아이의 감정은 항상 부모 자신과 관련이 있습니다. 부모 자신의 감정에 관심을 가지는 것이 아이의 감정으로 갈 수 있는 통로인 셈입니다.

아이는 부모를 본보기로 삼아 감정적인 표현과 접촉을 경험합니다. 따라서 부모가 아이의 감정에 관심을 가지고, 진지하게 받아들이려면 먼저 본보기로서 자신의 역할이 어떠한지 살펴봐야 합니다. 딸의 슬픔을 간과하는 부모는 대체로 자신의 슬픔도 간과합니다. 아이의 수치스러움 때문에 신경이 거슬리는 부모는 자기 자신의 수치스러움이 신경 쓰이고, 어쩌면 자기 자신이 겪은 치욕의 경험이 신경을 건드린 것일 수도 있습니다.

우리의 의도를 오해하지 않기를 바랍니다. 부모 자신의 감정을 항상 '명백히' 표현해야 하고, 감정에 완벽함을 추구해야 한다는 말이 아닙니다. 오히려 아이들에게 이러한 점이 필요 없다고 강조하려는 것입니다. 이는 아이들을 기진맥진하게 만듭니다. 아이들에게 필요한 것은 우리 부모가 먼저 자신들의 문을 연 다음, 아이의 감정으로 들어가는 문을 열고, 그들과 함께 그 문을 통과하는 것입니다.

❷ **자녀에게서 감지되는 '느낌'을 신뢰해야 합니다.** 아이와 긴밀하게 공명하면서 우리 마음속에 함께 생겨나는 감정을 진지하게 받아들일 용기를 내야 합니다. 부모는 아이에게 '방금 무슨 일이 있었는지, 그리고 무엇을 느꼈는지' 묻지만, 대개는 "아무 일도 없었어. 괜찮아"라는 대답을 듣습니다. 아이의 말을 그대로 이해하면, 아이가 느끼는 감정적 어려움을 의심할 만한 단서가 전혀 없습니다. 하지만 부모는 아이에게서 이해할 수 없는 수치심을 감지할 수 있습니다. 그 이유는 아이가 느끼는 감정을 공명할 수 있기 때문입니다. 아이가 수치스러워

하고 있으며, 어쩌면 수치심을 드러내는 것조차 부끄럽다는 암시일 수 있습니다. 아이는 좀처럼 말로 표현하지 않습니다.

특정한 상황에서 아이에게서 무력감이 감지된다면, 이는 실제로 아이가 곤경에 처해 있다는 암시일 가능성이 큽니다. 또 부모가 무엇인가에 갇혀 있는 답답함을 느낀다면, 아이도 비슷한 느낌을 받을 확률이 높습니다. 물론 이 모든 것이 꼭 그래야 하는 것은 아닙니다. 하지만 이러한 흔적을 찾는 것, 공명을 통해 상황을 추측해보는 것, 또 이에 상응하는 질문을 다시 하는 것은 아이의 감정을 공유하는 데 큰 도움이 됩니다.

❸ **결점 있는 '감정적 본보기'가 될 용기를 가져야 합니다.** 본보기가 된다는 말이 어떤 특정한 가치와 행동 방식에 대한 기념비처럼 '모범적'인 존재여야 한다는 의미는 아닙니다. 아이에게 필요한 것은 기념비 같은 존재가 아닙니다. 아이들은 살아 움직이는 본보기가 필요합니다. 다만 한 인간으로서 모나고 부족하며 결점이 있는 본보기가 될 용기가 필요합니다. 아이는 놀이로 세상을 이해합니다. 아이에게 놀이는 진지한 배움의 기회이며 놀이할 때 본보기로 삼을 부모가 필요합니다. 우리는 놀이를 하고, 그러면서 감정에 접근하고, 감정을 표현하고, 정서적으로 서로 주고받으면서 본보기가 될 수 있습니다. 아이

들은 놀아야 합니다.

  아이는 놀이하듯 무언가를 시도해보고 실험하는 것에서 배웁니다. 감정도 놀면서 배웁니다. 아이는 나쁜 도둑이 되기도 하고, 화가 난 경찰이 되어 벌을 주듯 쳐다보기도 합니다. 사랑스러운 공주나 멋진 왕자가 되기도 합니다. 아이는 다른 사람과 동일시하고, 그와 더불어 세상에서 그의 존재와 그가 지닌 감정적인 존재도 되어봅니다. 우리 어른들은 대부분 이런 놀이를 잊곤 하는데, 이제 스스로 함께 놀아도 된다고 허락해야 합니다. 우리는 아이와 큰 문제를 겪고 있다고 털어놓은 부모들에게 "아이가 무엇을 하나요? 아이와 함께 무엇을 하나요? 무슨 놀이를 하나요?"라고 묻곤 합니다. 그러면 그들 대부분은 시간이 없어서 아이들과 자주 놀지 못한다고 답합니다. 부모들은 생계를 책임져야 하고, 당면한 일을 해결하느라 매우 바쁩니다. 또 부모들은 아이들을 보살피고 걱정하고, 또 걱정하느라 매우 바쁩니다. "지금 무언가 마법을 부려 딸과 오후에 놀 수 있다면, 어떤 놀이를 하고 싶나요?"라는 질문에 종종 부모들이 먼저 떠올리는 대답은 "딸은 바비인형 놀이를 좋아해요" 정도입니다. 그런 다음 우리가 다시 "당신은 어떤 놀이를 하고 싶은가요? 당신이 딸과 하고 싶은 놀이는 무엇인가요?"라고 물으면 어른들은 당황해합니다.

  제대로 놀아본 지 너무 오래되었고, 예전에 느꼈던 놀이의 기쁨도 함께 파묻어 두었기 때문입니다. 마치 부모라는 존재는 놀면 안 되는 것처럼. 어쩌면 사람들이 아이처럼 자유롭고 걱정 근심 없이 놀아서는 안 되기라도 하는 양 생각하고 있는지도 모릅니다.

우리는 항상 부모들에게 놀이를 즐길 수 있도록 자신을 내려놓으라고 용기를 북돋습니다. 부모들은 그제서야 자신이 어렸을 때 즐겨 했던 놀이를 떠올리고, 그걸 다시 하고 싶어 합니다. 위에서 언급한, 바비 인형 팬인 딸을 둔 부모는 "어제 딸과 딸 친구랑 함께 축구를 했어요. 굉장히 많이 웃었어요. 아마 축구를 하는 30분만큼 그렇게 많이 웃었던 적이 없는 것 같아요. 그리 긴 시간은 아니었는데, 엄청나게 깔깔거리며 웃었어요. 정말 재미있었어요. 심지어 아이들이 한 점 차로 나를 이겼어요"라고 말했습니다. 놀이에는 계획되지 않았던 수많은 감정이 들어 있습니다. 이 부모는 '단지' 딸과 딸의 친구와 함께 놀기 위해 30분의 휴식 시간을 낼 수 있도록 허락이 필요했을 뿐입니다. 이러한 감정들은 저절로 생겨납니다.

❹ **자신의 어린 시절을 들여다봐야 합니다.** 우리는 모두 어린 시절이 있었고, 교육을 받았습니다. 누구나 12년 동안 아이였고, 청소년이었습니다. 이런 경험이야말로 활용할 수 있고, 언제든 꺼내어 쓸 수 있는 엄청난 자원입니다. 예를 들어, 한 엄마가 "열여섯 살 된 딸 때문에

힘들어요. 어떻게 해야 할지 모르겠어요. 너무 괴팍하게 굴어서 더는 참기 힘들어요. 잘 지내려고 노력해봤는데, 모든 시도가 다 실패했어요"라고 어려움을 토로합니다. "당신이 열여섯 살이었을 때는 어땠나요?"라고 묻자, 엄마는 열여섯 살이었을 때 자신과 딸의 공통점을 깨닫고는 깜짝 놀라서 할 말을 잃었습니다. "내가 했던 일이 모두 틀렸네요." 다른 엄마도 열세 살 된 딸 문제로 어찌할 줄 몰라서 혼란스러워하며 "밀쳐진 기분이 들어요. 딸과 함께 무언가를 하고 싶은데, 딸은 하지 않으려고 해요. 이야기를 나누고 싶은데, 딸은 대화하고 싶어 하지 않아요. 어떻게 해야 할지 모르겠어요. 무슨 상황인지도 더는 모르겠어요"라고 고민을 토로했습니다. 딸의 나이에 무엇을 했느냐는 질문에 엄마는 자신은 이 시기에 매우 외로웠고, 가능한 한 많이 엄마와 시간을 보내고 싶었다고 했습니다. 자신의 부모는 사업체를 운영하느라 자신을 돌보지 않고 무시한다는 느낌을 받았으며, 그래서 엄마랑 함께 있고 싶었다고 했습니다. 계속 이어지는 대화에서 엄마는 언젠가 자신이 엄마가 되면 다른 엄마가 되기로 결심했고, 그래서 자신의 엄마와는 달리 딸과 시간을 보내려고 노력했다고 말했습니다. 그러나 정작 딸에게는 엄마와의 시간이 부족하지 않았습니다. 오히려 딸은 혼자만의 시간을 보낼 수 있는 공간이 필요했습니다. 엄마는 자신이 어렸을 적 필요로 했던 것을 자신의 딸에게 '보상하려' 했던 것입니다. 딸의 진짜 바람을 지나쳐버렸고, 오히려 반대로 딸을 도망치게 쫓아버린 셈이 된 것입니다.

우리는 이처럼 자신의 어린 시절과의 상호연결을 경험합니다. 어린 시절의 경험은 아이를 대하는 부모의 태도에 많은 영향을 끼칩니다. 따라서 어떤 경우든 이러한 경험에 주의를 기울여야 하며 때로 그 근원으로 활용할 수 있습니다.

옮긴이 **김현희**

전북대학교 사범대 독어교육과를 졸업했으며, 같은 대학 교육대학원에서 석사학위를 받았다. 이후 독일 빌레펠트 대학에서 석사학위를 받았으며, 같은 대학에서 박사과정을 수료했다. 현재 번역에이전시 엔터스코리아에서 번역가로 활동 중이다. 옮긴 책으로는 《소리 지르지 않는 엄마의 우아한 육아》, 《한 마디만 더 한 마디만 덜》, 《우리가 함께한 여름》, 《산책하는 물고기》 등 다수가 있다.

아이의 감정

1판 1쇄 2023년 11월 24일

지은이 우도 베어 · 가브리엘레 프릭-베어
옮긴이 김현희
펴낸이 김형필
디자인 김희림
펴낸곳 북인어박스
주소 경기도 하남시 미사대로 540 (덕풍동) 한강미사2차 A동 A-328호
등록 2021년 3월 16일 제2021-000015호
전화 031) 5175-8044
팩스 0303-3444-3260
이메일 bookinabox21@gmail.com

© 우도 베어 · 가브리엘레 프릭-베어, 2023

이 책은 저작권법에 따라 보호를 받는 저작물이므로
저자와 출판사의 허락 없이 내용의 전체 또는 일부를 인용하거나 발췌하는 것을 금합니다.

책값은 뒤표지에 있습니다.
ISBN 979-11-976170-9-6 03180

북인어박스는 삶의 무기가 되는 책, 삶의 지혜가 되는 책을 만듭니다.
출간 문의는 이메일로 받습니다.